もくじ

009　おいしいパスタを作るポイント

1章
洋風パスタ

012　赤パプリカとなすとベーコンの
　　　目玉焼きナポリタン

014　マッシュルームとベーコンの
　　　ゴルゴンゾーラパスタ

015　豚肉としめじの
　　　ゆずこしょうクリームパスタ

016　さつまいもと鶏肉の
　　　ラタトゥイユパスタ
　　　アレンジ　ラタトゥイユスープパスタ

018　レッドキドニーの
　　　キャロット明太パスタ
　　　アレンジ　レッドキドニーの
　　　　　　　　明太おかずパスタ

020　生ハムとルッコラの
　　　粒マスタードパスタ

021　いちじくと生ハムの
　　　ブルーチーズパスタ

022　カルダモンミートボールと
　　　きのこのデミグラスパスタ

024　蒸し鶏とパクチーの
　　　レモンジュレ冷製パスタ

026　豚しゃぶとみょうがの
　　　冷製ジェノバパスタ

027　牛肉とポルチーニ茸の
　　　ペッパーパスタ

028　牛肉とミニトマトの
　　　バルサミコパスタ

030　チョリソーとなすの
　　　モッツァレラトマトパスタ

031　スモークタンとドライトマトの
　　　プッタネスカ

032　パンチェッタとスプラウトの
　　　柑橘パスタ

034　カリカリベーコンとトレビスの
　　　シーザーパスタ

036　ガーリックシュリンプの
　　　レモンパスタ

037　有頭えびとかぶの
　　　ブイヤベース煮パスタ

038　桜えびのビスクパスタ
　　　アレンジ　フジッリの桜えびパスタ

040　かにとカニカマの
　　　トマトクリームパスタ

041　ツナとズッキーニの
　　　ローズマリーパスタ

042　小えび入りたらこクリームパスタ	049　ムール貝とエリンギの 　　　スパイシーペスカトーレ
044　たことブロッコリーの 　　　オレガノバターパスタ	050　ほたてとトマトの冷製サルサパスタ
045　アスパラガスと塩辛の 　　　クリームチーズパスタ	052　いくらとスモークサーモンの 　　　ペペロンチーノ
046　あさりと白いんげん豆の 　　　アンチョビパスタ	053　サーモンとカリフラワーの 　　　ミントバターパスタ
アレンジ　あさりと白いんげん豆の 　　　　　　　　コンキリエ	054　いわしとスモークチーズのパスタ
048　ポテトクラムチャウダーパスタ	055　さんまとまいたけの 　　　アヒージョ風パスタ

056　column 1　パスタの仕上がりをワンランク上げる　おいしいゆで方のコツ
058　column 2　おうちで楽しむ　世界のいろいろなパスタ

2章
和風パスタ

062　たらとみょうがの 　　　みそクリームパスタ	066　さんまの和風ミートパスタ
アレンジ　たらとみょうがの 　　　　　　　　みそペンネグラタン	068　しらすとパクチーのごま油パスタ
064　しゃけと里芋の白みそパスタ	069　焼きほっけと高菜のピリ辛パスタ
065　かつおとクレソンの 　　　すだち冷製パスタ	070　ほたてとえのきの大葉ジェノバパスタ
	アレンジ　たことえのきの 　　　　　　　　大葉コンキリエ
	072　あさりとミニトマトの 　　　ボンゴレみそパスタ
	074　叩きえびと豆もやしの 　　　和風カレーパスタ
	075　桜えびととろろ昆布の 　　　カマンベールチーズパスタ
	076　白子と焼きごぼうのねりごまパスタ
	078　豚肉と野沢菜の明太おろしパスタ
	アレンジ　豚肉と野沢菜の 　　　　　　　　明太おろしフジッリ
	080　豚しゃぶと豆苗の 　　　黒酢もずく冷製パスタ

005

081	豚肉としめじの柚子からしパスタ	094	ツナと枝豆の塩昆布クリームパスタ
082	鶏そぼろと春菊の山椒パスタ		アレンジ ツナと枝豆の塩昆布クリームカッペリーニ
083	納豆つくねとまいたけの青のりパスタ	096	3種きのこのとろろ豆乳カルボナーラ
084	鶏肉とグリーンピースの和風ペペロンチーノ	097	ほうれん草とベーコンのおかかパスタ
086	照り焼きチキンとアボカドの七味マヨパスタ	098	揚げなすと大葉の梅麹冷製パスタ
	アレンジ 照り焼きチキンとアボカドの七味マヨサラダ	100	納豆と水菜のしそパスタ
088	鶏むね肉とオクラのねぎ塩パスタ	101	なめたけとたらこのトマトパスタ
089	砂肝とアスパラのわさび麹マヨパスタ	102	焼きとうもろこしとキャベツのしょうゆバターパスタ
090	牛肉と焼きねぎのすき焼きパスタ	104	焼きちくわときゅうりの佃煮パスタ
092	スパムとゴーヤのチャンプルーパスタ	105	厚揚げ豆腐とたけのこの生姜みぞれパスタ
093	ソーセージとなめこの昆布茶バターパスタ		

106	column 3	具材やパスタとからめるだけの 8つの本格パスタソース
110	column 4	今すぐ食べたいときにあると便利な 5つの冷凍パスタキット

3章
エスニックパスタ

118	鶏肉とズッキーニのゆずココナッツパスタ
120	ささみとにんじんのピーナッツバターパスタ
122	スモークサーモンとマンゴーの冷製スイートチリパスタ
123	ベーコンとアボカドのグリーンカレーカルボナーラ
124	牛肉と紫キャベツのレモングラスパスタ
126	ソーセージとヤングコーンのチリトマトパスタ

127	鶏そぼろとしめじの 塩こぶみかんの葉パスタ	133	えびとオクラのトムヤムみそパスタ
128	カニカマとセロリの プーパッポンカレーパスタ	134	パッタイ風具だくさんパスタ
		アレンジ	パッタイ風 具だくさんフェットチーネ
130	桜えびとクレソンのナンプラーパスタ	136	ラムミートとひよこ豆の クミンパスタ
131	シーフードのパクチージェノバパスタ		
132	いかと紫玉ねぎの ヤムウンセン風冷製パスタ	アレンジ	ラムミートと ひよこ豆のペンネ

138 (column 5) パスタがもっと贅沢になる！ ごちそうトッピング

4章
中華、韓国パスタ

		152	しじみとちりめん山椒の シビレパスタ
		154	牡蠣と春菊の甘辛薬味パスタ
		155	あさりと小松菜の 五香粉バターパスタ
		156	鶏肉とにんにくの芽の カシューナッツパスタ
		158	デジカルビとサンチュの焼肉パスタ
		159	豚肉といんげんの八角パスタ
		160	牛肉としいたけの チャプチェ風パスタ
144	チャンジャとアボカドの薬味パスタ	161	牛そぼろとほうれん草の ビビンバパスタ
アレンジ	チャンジャとアボカドの 薬味カッペリーニ	162	トマト麻婆パスタ
146	わかめと空心菜のオイスターパスタ	アレンジ	トマト麻婆ファルファッレ
147	さばと納豆のコチュヂェダーパスタ	164	豚肉とキャベツの豆チパスタ
148	ツナとエリンギの ごま担々冷製パスタ	165	サンラータン風スープパスタ
150	まぐろとキムチの 梅ごま冷やしパスタ	166	塩豚とレタスの花椒パスタ
151	台湾風豆乳スープパスタ	167	長ねぎとハムのザーサイパスタ

007

5章
ボウルでさっと和えるだけの
シンプルパスタ

- 170　水菜のハリハリパスタ
- 171　サーモンのなめろう冷製パスタ
- 172　納豆アボカドのわさびパスタ
- 173　ツナの和風マスカルポーネパスタ
- 174　とびこの柴漬けパスタ
- 175　いかそうめんのスイチリ明太パスタ
- 176　しらすのコールスローパスタ
- 178　桜えびの揚げ玉パスタ
- 179　高菜の黒酢パスタ
- 180　オイルサーディンのレモン麹パスタ
- 181　キムチのチョレギパスタ
- 182　パセリのアンチョビパスタ
- 182　コーンカレーの粒マスタードパスタ
- 184　さばのかつお節パスタ
- 185　あおさのパスタ

186　素材別INDEX

本書の決まりごと

分量の表記について
- 小さじ1は5ml、大さじ1は15mlです。
- 少量の調味料の分量は「少々」としています。親指と人差し指でつまんだ量です。
- 「適量」はちょうどよい分量を、お好みで加減してください。

調味料、食材について
- バターは有塩バターを使用しています。
- オリーブオイルはエキストラバージンオリーブオイルを使用しています。
- 調味料類は、特に指定のない場合、みそは合わせみそ、しょうゆは濃口しょうゆ、砂糖は上白糖を使用しています。
- 野菜類は、特に指定のない場合は洗う、むくなどの作業を済ませてから手順を説明しています。

使用する機器について
- この本ではオーブンレンジを使用しています。機種やメーカーによって、温度、加熱時間が変わりますので、表記の時間は目安にして、様子をみながら調整してください。
- 電子レンジの加熱時間は600Wのものを使用した場合の目安です。500Wなら1.2倍を目安に、時間を調整してください。
- フライパンはフッ素樹脂加工のものを使用しています。
- スパゲッティ、そのほかの麺をゆでる鍋は、3ℓの水が入るくらいの大きさが目安です。大きめの鍋がなければ、フライパンでもゆでられます（P.057参照）。

保存について
- 冷蔵庫または冷凍庫の性質や保存環境によって、保存状態は異なります。保存期間はあくまで目安と考え、早めに食べ切りましょう。

カロリーについて
- カロリーは、総カロリーを多いほうの人数で割り、1人当たりの基準として掲載しています。スパゲッティのカロリーも含んでいます。

おいしいパスタを作るポイント

麺のゆで方や具材の切り方を工夫して、一皿で大満足のパスタを作りましょう。
ひと手間を惜しまないことで、おうちパスタがもっとおいしくなります。

パスタのゆで時間は炒める、和えるなど調理法別に調整する。

ゆでたパスタは、具材と炒めたりパスタソースと合わせたりしている間にも火が通ります。調理法別にゆで時間を調整しているので、レシピの時間を参考にしましょう。

ゆで汁も活用し、麺が潤った状態でパスタを仕上げる。

具材とパスタを炒めるときに汁けがないと、パサついてしまいます。パスタのゆで汁は油となじみやすいので、少量加えると麺が潤い、具材とからみやすくなります。

具材は、パスタと一緒に食べやすい切り方を意識して。

具材が大きすぎると、食べやすさやパスタとのからみ具合に影響します。麺のように細く切ったり、一口大を意識すると、一緒に食べたときによりおいしさが増します。

パスタの味わいが深まる 食材の切り方バリエーション

極細に切る

麺の細さと同じくらい極細に切ることで、スパゲッティとよくからみます。カサ増しにもなるので、パスタをヘルシーに食べたい方にもおすすめです。

→ P.018 レッドキドニーのキャロット明太パスタ など

厚切り

厚く切ると食べごたえが出るので、肉や魚と一緒に食べても野菜の存在感をしっかり感じられます。見栄えがよく、料理全体のボリュームもアップ。

→ P.128 カニカマとセロリのブーパッポンカレーパスタ など

ざく切り

葉野菜は、加熱するとボリュームが減ってしまうので、3〜4cmの大きめのざく切りにすると食感が残って最後までおいしく食べられます。

→ P.154 牡蠣と春菊の甘辛薬味パスタ など

一口大に切る

トマトやアボカドなどのごろごろした具材は、ほかの食材や麺と食べやすいように一口サイズに切って。味にまとまりが出て、おいしく仕上がります。

→ P.172 納豆アボカドのわさびパスタ など

1章 洋風パスタ

肉や魚介、色とりどりの野菜を贅沢に組み合わせた
ボリュームたっぷりの洋風パスタです。
ご家族やご友人など、みんなで食卓を囲むときのメインディッシュにどうぞ。

赤パプリカと なすとベーコンの 目玉焼きナポリタン

1人あたり 584 kcal

材料（2人分）

スパゲッティ --- 1束（100g）
ベーコン（薄切り）--- 80g
パプリカ（赤）--- 1/2個
なす --- 小1本
しょうが --- 1片（6g）
ケチャップ --- 大さじ4
バター --- 10g
オリーブオイル --- 大さじ1
目玉焼き --- 2個分

作り方

1. ベーコンは5mm幅に切る。パプリカは3mm幅の薄切りにする。なすはピーラーで皮を縦に4カ所むき、1cm幅の輪切りにする。しょうがはみじん切りにする。

2. スパゲッティをゆで始める。表示規定時間より1分早くザルにあげ、水けをきる（ゆで汁は大さじ3とっておく）。

3. フライパンにオリーブオイルをひき、1のしょうがを弱火で炒める。しょうがの香りがたってきたら、なすを入れて中火で炒める。なすがしんなりとしたら、残りの1を入れて、ベーコンの表面に焼き色がつくまで炒める。

4. 3に2のスパゲッティとゆで汁大さじ3を入れて、具材とからめながら炒める。水分がなくなったらケチャップ、バターを加えてさらに炒める。

5. 皿にパスタを盛り、目玉焼きをのせる。

料理 & 栄養メモ

ナポリタンといえばピーマンのイメージが強いですが、赤パプリカに変えて食感と食べごたえをアップ。しょうがを使うと味がさっぱりとしておすすめです。

013

マッシュルームとベーコンの
ゴルゴンゾーラパスタ

1人あたり **736** kcal

材料（2人分）

- スパゲッティ --- 1束（100g）
- ベーコン（ブロック）--- 80g
- マッシュルーム（ホワイト）--- 4個
- ほうれん草 --- 1束（50g）
- 玉ねぎ --- 1/2個（100g）
- Ⓐ 牛乳 --- 100㎖
  ゴルゴンゾーラ --- 40g
  白みそ --- 小さじ2
- 生クリーム --- 100㎖
- 粗挽き黒こしょう --- 少々
- オリーブオイル --- 大さじ1/2

作り方

1. ベーコンは5㎜幅の棒状に切る。マッシュルームは2㎜幅に切る。ほうれん草は3㎝幅に切る。玉ねぎは2㎜幅の薄切りにする。

2. スパゲッティをゆで始める。表示規定時間より2分早くザルにあげ、水けをきる。

3. フライパンにオリーブオイルをひき、1の玉ねぎを中火で炒める。玉ねぎがしんなりとしたら、ベーコンを入れて表面に焼き色がつくまで炒める。

4. 3にⒶを加え、弱火でゴルゴンゾーラを溶かしながら温める。1のマッシュルームとほうれん草、生クリームを入れてさらに温める。

5. 4に2を入れて、弱火で2分ほど温める。皿に盛り、粗挽き黒こしょうをふりかける。

料理 & 栄養メモ　マッシュルームはきのこ類の中でも旨み成分が多いので、ベーコンと組み合わせると最上級のおいしさに！　ゴルゴンゾーラに白みそを足して味にハリを出します。

豚肉としめじの
ゆずこしょうクリームパスタ

1人あたり
572 kcal

材料（2人分）

スパゲッティ - - - 1束（100g）
豚バラ肉（薄切り）- - - 130g
しめじ - - - 1パック（100g）
玉ねぎ - - - 1/2個（100g）
Ⓐ 牛乳 - - - 150mℓ
　ゆずこしょう - - - 小さじ1
　塩麹 - - - 小さじ1
　洋風スープの素（顆粒）
　　- - - 小さじ2
パセリ（葉）- - - 少々
バター - - - 10g

作り方

1. 豚肉は3cm幅に切る。しめじは石づきを切り、手で小房に分ける。玉ねぎはみじん切りにする。パセリは食べる分だけ極みじん切りにする。

2. スパゲッティをゆで始める。表示規定時間より2分早くザルにあげ、水けをきる。

3. フライパンにバターを溶かし、1の玉ねぎを中火で炒める。玉ねぎがしんなりとしたら豚肉としめじを入れて、豚肉に半分ほど火が通るまで炒める。

4. 3にⒶを加えて温め、水面がふつふつとしてきたら、2を入れて2分ほど温める。皿に盛り、1のパセリをふりかける。

 料理＆栄養メモ　ゆずこしょうのピリッとした辛さを活かしつつ、牛乳や塩麹を合わせてコクをプラスしています。こってりしているように見えますが、あっさりと食べられます。

さつまいもと鶏肉のラタトゥイユパスタ

1人あたり
526 kcal

材料（2人分）

- スパゲッティ --- 1束（100g）
- 鶏もも肉 --- 130g
- さつまいも --- 小1本（100g）
- ズッキーニ --- 1/2本（50g）
- パプリカ（赤） --- 1/2個
- 塩、粗挽き黒こしょう --- 各少々
- 薄力粉 --- 小さじ2
- Ⓐ
  - トマト缶（ホール） --- 1缶（400㎖）
  - 水 --- 100㎖
  - にんにく --- 1片（6g）
  - みそ --- 小さじ2
- オリーブオイル --- 大さじ1

作り方

1. 鶏肉は一口大に切り、塩と粗挽き黒こしょうをもみ込んで薄力粉を薄くまぶす。
2. さつまいも、ズッキーニ、パプリカはそれぞれ小さめの乱切りにする。Ⓐのトマト缶のトマトはヘラなどでつぶし、にんにくはみじん切りにする。
3. スパゲッティをゆで始める。表示規定時間より2分早くザルにあげ、水けをきる。
4. フライパンにオリーブオイルをひき、1を中火で炒める。表面に焼き色がついたら、2のさつまいも、ズッキーニ、パプリカを入れて炒める。
5. 4にⒶを加え、中火で10分ほど煮込む。3を入れて、さらに2分ほど煮込む。

アレンジ ラタトゥイユスープパスタ

材料（2人分）

「さつまいもと鶏肉のラタトゥイユパスタ」より
- スパゲッティ1束（100g）→ クスクス大さじ2
- Ⓐの水100㎖ → 200㎖

に変えて作る。

作り方

1. 上記レシピの1〜2と同様に、食材を切り、Ⓐを準備する。
2. クスクスはたっぷりの熱湯で15分ほどゆでる。
3. 上記レシピの4〜5と同様に作る。

料理＆栄養メモ 具材たっぷりのラタトゥイユをパスタに。さつまいもの皮にはポリフェノールが豊富なので皮付きでもOK。クスクスに変えて作ると食感がプチプチして楽しいです。

レッドキドニーの
キャロット明太パスタ

1人あたり
435 kcal

材料（2人分）
スパゲッティ --- 1束（100g）
レッドキドニー（水煮）--- 100g
にんじん --- 2/3本（100g）
塩 --- 少々
Ⓐ ┃ 明太子 --- 1腹（40g）
　┃ しょうが --- 1/2片（3g）
　┃ マヨネーズ --- 大さじ3
　┃ しょうゆ --- 小さじ1

作り方
1. レッドキドニーは水けをきる。にんじんは極細の千切りにし、塩でもみ込んで水けをきる。
2. Ⓐの明太子は皮から身をほぐし、しょうがはすりおろす。
3. スパゲッティをゆでる。表示規定時間通りにゆでてザルにあげ、水けをきる。
4. ボウルに1、3、Ⓐを入れて和える。

アレンジ　レッドキドニーの明太おかずパスタ

材料（2人分）
「レッドキドニーのキャロット明太パスタ」より
・スパゲッティ1束（100g）→ マカロニ80g
に変えて作る。

作り方
1. 上記レシピの1～2と同様に、食材を切り、Ⓐを準備する。
2. マカロニをゆでる。表示規定時間通りにゆでてザルにあげ、水けをきる。
3. ボウルに1、2、Ⓐを入れて和える。

🍽✓ 料理＆栄養メモ　レッドキドニーは煮崩れしにくく、混ぜ合わせても食感がそのまま残るので和え料理向きです。にんじんは、麺のように細く切ることで全体がよくからみます。

生ハムとルッコラの
粒マスタードパスタ

1人あたり
406 kcal

材料（2人分）

スパゲッティ --- 1束 (100g)
生ハム --- 10枚
ルッコラ --- 1束 (50g)
ズッキーニ --- 1本 (100g)
塩 --- 少々

A
　にんにく --- 1/2片 (3g)
　マヨネーズ --- 大さじ3
　粒マスタード --- 小さじ2
　しょうゆ --- 小さじ2

作り方

1 ルッコラは葉と茎を分け、3cm幅に切る。ズッキーニはスライサーで切り、塩をふりかけてもみ込み、水けをきる。

2 Ⓐのにんにくはすりおろす。

3 スパゲッティをゆでる。表示規定時間通りにゆでてザルにあげ、水けをきる。

4 ボウルに1のルッコラの茎とズッキーニ、3、Ⓐを入れて和える。

5 皿にパスタを盛り、1のルッコラの葉、生ハムをのせる。

料理 & 栄養メモ　ピンク色の華やかな生ハムを贅沢に使った粒マスタードパスタ。ズッキーニは、薄くスライスして塩もみをすると、しんなりしてやさしい甘さが感じられます。

いちじくと生ハムの
ブルーチーズパスタ

1人あたり
422 kcal

材料（2人分）

スパゲッティ --- 1束（100g）
いちじく（生）--- 小2個
ブルーチーズ --- 40g
生ハム --- 10枚
ナンプラー --- 小さじ1
ピンクペッパー --- 少々
バター --- 15g

作り方

1. いちじくは縦4等分に切る。ブルーチーズは1cm幅に切る。生ハムは5mm幅に切る。
2. スパゲッティをゆで始める。表示規定時間より1分早くザルにあげ、水けをきる（ゆで汁は大さじ3とっておく）。
3. フライパンにバターを溶かし、1のブルーチーズを入れて弱火で半分ほど溶かす。2のスパゲッティとゆで汁大さじ3、ナンプラーを入れて和えながら炒める。火をとめて、1のいちじくを入れて手早くからめる。
4. 皿にパスタを盛り、1の生ハムを添えて、ピンクペッパーをふりかける。

 料理 & 栄養メモ　　いちじくには、便秘解消や動脈硬化の予防にも効果的なペクチンが含まれています。いちじくを少しずつくずしながら、麺とからめて食べると絶品ですよ。

021

カルダモンミートボールときのこのデミグラスパスタ

1人あたり 699 kcal

材料（2人分）

- スパゲッティ --- 1束（100g）
- マッシュルーム（ブラウン）--- 4個
- しめじ --- 1/2パック（50g）
- Ⓐ
  - 牛豚合挽き肉 --- 200g
  - 玉ねぎ --- 1/4個（50g）
  - カルダモンシード --- 5粒
  - カシューナッツ --- 10g
  - 溶き卵 --- 1/2個分
  - パン粉 --- 大さじ2
  - 塩、粗挽き黒こしょう --- 各少々
- デミグラスソース缶 --- 1缶（約300mℓ）
- 牛乳 --- 100mℓ
- オリーブオイル --- 大さじ1/2

作り方

1. マッシュルームは半分に切る。しめじは石づきを切り、手で小房に分ける。
2. カルダモンミートボールを作る（Ⓐ）。玉ねぎはみじん切りにする。カルダモンシードは包丁の先を使って殻に切れ目を入れ、種をとってみじん切りにする（殻は捨てる）。カシューナッツは粗みじん切りにする。ボウルにⒶをすべて入れて、粘りけが出るまで混ぜる。一口大の丸型に成形する（ミートボール約10個分）。
3. スパゲッティをゆで始める。表示規定時間より2分早くザルにあげ、水けをきる。
4. フライパンにオリーブオイルをひき、2を並べて中火で表面全体を焼く。焼き色がついたら、フライパンの余計な油をペーパータオルで拭き取る。
5. 4に1、デミグラスソース、牛乳を入れて温める。水面がふつふつとしてきたら3を入れて、さらに2分ほど温める（お好みで、皿にパスタを盛り、牛乳少々を回しかけると味や風味がまろやかになっておいしい）。

料理 & 栄養メモ カルダモンとはカレーを作るときなどによく使うスパイスです。爽快感が強く、肉料理とも相性◎。ミートボールとソースをよくからめて食べるのがおすすめです。

蒸し鶏とパクチーの
レモンジュレ冷製パスタ

1人あたり 427 kcal

材料（2人分）

スパゲッティ --- 1束（100g）
鶏むね肉 --- 250g
塩、砂糖 --- 各小さじ1/4
パクチー --- 1束
紫玉ねぎ --- 1/4個（50g）
Ⓐ ┃ レモン汁 --- 2個分
　┃ はちみつ --- 大さじ2
　┃ ナンプラー --- 小さじ2
ゼラチン（粉末）--- 5g

作り方

1. 鶏肉は皮を除き、フォークで全体に10カ所ほど穴をあける。塩と砂糖でしっかりともみ込み、ボウルに入れてラップをし、冷蔵庫で30分以上漬け込む。

2. 大きめの鍋に1が浸るほどの熱湯を沸かす。1を入れて火をとめ、フタをして粗熱がとれるまで浸す。

3. 小鍋にⒶを入れて弱火にかけ、沸騰寸前で火をとめる。粉ゼラチンをふり入れて混ぜ、高さ1cmほどの保存容器に流し入れる。氷水をはったバットに当てて一気に粗熱をとる。粗熱がとれたら、冷蔵庫で2時間冷やす。

4. パクチーは3cm幅に切る。紫玉ねぎは2mm幅の薄切りにする。

5. スパゲッティをゆでる。表示規定時間通りにゆでてザルにあげ、氷水で冷やして水けをきる。

6. 皿にパスタを盛り、3をスプーンでくずし、全体にのせる。4、手で裂いた2をのせる。

料理＆栄養メモ　余計な味つけはせず、レモンジュレに味わいを閉じ込めました。口いっぱいに爽やかな酸みが広がるレモンジュレは、具材や麺とよくからめて召し上がれ。

豚しゃぶとみょうがの
冷製ジェノバパスタ

1人あたり
562 kcal

材料（2人分）

スパゲッティ --- 1束（100g）
豚ロース肉（しゃぶしゃぶ用）
　　--- 150g
みょうが --- 2本
小ねぎ --- 3本
バジルジェノバソース（P.108参照）
　　--- 大さじ4
しょうゆ --- 小さじ1

作り方

1　みょうが、小ねぎはそれぞれ小口切りにする。

2　鍋にたっぷりのお湯を沸かし、豚肉を1枚ずつ入れてゆでる。氷水をはったボウルで冷やし、ザルにあげて水けをきる。

3　スパゲッティをゆでる。表示規定時間通りにゆでてザルにあげ、氷水で冷やして水けをきる。

4　ボウルに2、3、バジルジェノバソース大さじ3、しょうゆを入れて和える。

5　皿にパスタを盛り、1を全体に散らして、残りのバジルジェノバソースを回しかける。

 料理＆栄養メモ　みょうがや小ねぎなどの和風の薬味は、バジルソースと相性抜群。豚ロース肉はゆで過ぎると硬くなるので、肉全体に火が通ったらすぐに氷水でしめましょう。

牛肉とポルチーニ茸の
ペッパーパスタ

1人あたり
507
kcal

材料（2人分）

スパゲッティ --- 1束（100g）
牛肉（切り落とし） --- 130g
ポルチーニ茸（乾燥） --- 10g
しいたけ --- 3個
枝豆（ゆで済み・むき身） --- 30g
生クリーム --- 50㎖
鶏がらスープの素（顆粒）
　 --- 小さじ1
粗挽き黒こしょう --- 小さじ1/4

作り方

1. ポルチーニ茸は表面を水で洗い、ぬるま湯150㎖（分量外）に30分ほど浸して戻し、2㎝幅に切る（戻し汁はとっておく）。しいたけは2㎜幅に切る。
2. スパゲッティをゆで始める。表示規定時間より2分早くザルにあげ、水けをきる。
3. フライパンに1の戻し汁を入れて、中火で温める。水面がふつふつとしたら、残りの1、牛肉、枝豆を入れてさらに温める。
4. 牛肉に半分ほど火が通ったら、生クリーム、鶏がらスープの素を加えて温める。
5. 4に2を入れて、具材とからめながら2分ほど温める。皿に盛り、粗挽き黒こしょうをふりかける。

 料理＆栄養メモ　きのこ類には旨み成分が濃縮されているので、ポルチーニ茸の戻し汁は出汁として活用します。まろやかな風味に仕上げるために、生クリームを少量加えて。

牛肉とミニトマトのバルサミコパスタ

1人あたり 442 kcal

材料（2人分）

スパゲッティ --- 1束（100g）
牛ひき肉 --- 120g
ミニトマト --- 10個
マッシュルーム（ブラウン）--- 6個
にんにく --- 1片（6g）
Ⓐ ｜ バルサミコ酢 --- 大さじ3
　｜ しょうゆ --- 大さじ1
　｜ 砂糖 --- 小さじ2
粗挽き黒こしょう --- 少々
オリーブオイル --- 大さじ1/2

作り方

1. ミニトマトは半分に切る。マッシュルームは半分に切る。にんにくはみじん切りにする。
2. スパゲッティをゆで始める。表示規定時間より1分早くザルにあげ、水けをきる（ゆで汁は大さじ3とっておく）。
3. フライパンにオリーブオイルをひき、1のにんにくを弱火で炒める。にんにくの香りがたってきたら、1のマッシュルーム、牛肉を入れてヘラなどでそぼろ状になるように中火で炒める。
4. 牛肉に半分ほど火が通ったら、1のミニトマト、2のスパゲッティとゆで汁大さじ3を入れて炒める。
5. Ⓐを加えて味つけし、具材とからめながら炒め、粗挽き黒こしょうをふりかける。

料理 & 栄養メモ　ひき肉や麺と一緒に食べやすいよう、ミニトマトやマッシュルームは一口大に。バルサミコ酢にしょうゆを加えると、味がまろやかになり食べやすくなります。

チョリソーとなすの モッツァレラトマトパスタ

1人あたり
579 kcal

材料（2人分）

- スパゲッティ --- 1束（100g）
- チョリソー --- 4本
- なす --- 小2本
- にんにく --- 1片（6g）
- トマトソース（P.106参照）
  --- 大さじ6
- モッツァレラチーズ（キューブ型）
  --- 10個
- オリーブオイル --- 大さじ2

作り方

1. チョリソーは斜めに切る。なすは縦8等分に切る（大きめのなすなら、縦12等分に切る）。にんにくはみじん切りにする。
2. スパゲッティをゆで始める。表示規定時間より1分早くザルにあげ、水けをきる（ゆで汁は大さじ3とっておく）。
3. フライパンにオリーブオイルをひき、1のにんにくを弱火で炒める。にんにくの香りがたってきたら、チョリソーとなすを入れて中火で炒める。
4. なすがしんなりとしたら、2のスパゲッティとゆで汁大さじ3を入れてさっと炒める。トマトソースを加えて、具材とからめながら和える。
5. 皿にパスタを盛り、モッツァレラチーズをのせる。

 料理 & 栄養メモ　もちもちのモッツァレラチーズと、しんなりするまで炒めてとろとろ食感になったなすがクセになります。なすは水分が多くて低カロリーの野菜のひとつです。

スモークタンとドライトマトのプッタネスカ

1人あたり 430 kcal

材料（2人分）

- スパゲッティ --- 1束（100g）
- スモークタン（市販）--- 100g
- ドライトマト --- 10g
- アルファルファ --- 60g
- Ⓐ
  - トマトソース（P.106参照）--- 大さじ6
  - オリーブ（黒・種なし）--- 5粒
  - アンチョビ --- 1枚
  - ケッパー --- 5g
  - タバスコ --- 小さじ1/4

作り方

1. ドライトマトは熱湯100㎖（分量外）に30分ほど浸して戻し、刻む（戻し汁は大さじ3とっておく）。Ⓐのオリーブは薄切りにする。
2. スパゲッティをゆで始める。表示規定時間より1分早くザルにあげ、水けをきる。
3. フライパンにⒶを入れて、中火で温める。水面がふつふつとしてきたら、1のドライトマトと戻し汁大さじ3、2、スモークタンを入れて炒める。
4. 皿にパスタを盛り、アルファルファをのせる。

 料理＆栄養メモ　ドライトマトの戻し汁は旨みが豊富なので、出汁にして麺に吸わせます。噛めば噛むほど出てくるスモークタンの旨みと、ケッパーの爽やかな香りがたまりません。

031

パンチェッタとスプラウトの柑橘パスタ

1人あたり
467 kcal

材料（2人分）

- スパゲッティ --- 1束（100g）
- パンチェッタ --- 80g
- ブロッコリースプラウト --- 1パック（20g）
- レッドキャベツスプラウト --- 1パック（20g）
- スーパーブロッコリースプラウト --- 1/2パック（30g）
- バター --- 10g
- Ⓐ
  - グレープフルーツ果汁 --- 大さじ3
  - オリーブオイル --- 大さじ1と1/2
  - りんご酢 --- 大さじ1
  - しょうゆ --- 小さじ1
  - 塩、粗挽き黒こしょう --- 各少々

作り方

1. ブロッコリースプラウト、レッドキャベツスプラウト、スーパーブロッコリースプラウトはそれぞれ軸を切る。
2. スパゲッティをゆでる。表示規定時間通りにゆでてザルにあげ、水けをきる。
3. ボウルに2、バターを入れて、バターが溶けるまで和える。1、パンチェッタ、Ⓐを入れてさらに和える。

POINT!

パンチェッタとは

パンチェッタとは、豚バラ肉を塩漬けした熟成肉です。塩けが強く料理にしっかりと味がつくので、パスタ全体の味つけはさっぱり仕上げるくらいがちょうどいいでしょう。

料理 & 栄養メモ　グレープフルーツは生のものを絞ったほうがおすすめですが、果汁100%のジュースでもOK。パンチェッタに塩がついているので、味つけは控えめに。

カリカリベーコンと トレビスの シーザーパスタ

1人あたり
483 kcal

材料（2人分）

スパゲッティ --- 1束（100g）
アンチョビベーコン（P.138参照）--- 30g
トレビス --- 葉6枚
サニーレタス --- 葉2枚
Ⓐ にんにく --- 1/2片（3g）
　マヨネーズ --- 大さじ3
　ヨーグルト（無糖）--- 大さじ2
　塩、粗挽き黒こしょう --- 各少々
温泉卵（P.138参照）--- 2個分
パルミジャーノ・レッジャーノ --- 少々

作り方

1 トレビス、サニーレタスはそれぞれ食べやすい大きさに手でちぎる。

2 Ⓐのにんにくはすりおろす。

3 スパゲッティをゆでる。表示規定時間通りにゆでてザルにあげ、水けをきる。

4 ボウルに1、3、Ⓐ、アンチョビベーコンを入れて和える。

5 皿にパスタを盛り、温泉卵をのせ、パルミジャーノ・レッジャーノをふりかける。

 料理 & 栄養メモ　野菜をたっぷり摂取できて、麺が少なくても満足できるのでサラスパ感覚で食べられます。マヨネーズを入れることで葉野菜とよくからまり、食べやすくなります。

ガーリックシュリンプの
レモンパスタ

1人あたり
441 kcal

材料（2人分）

スパゲッティ･･･1束（100g）
えび（無頭・殻なし）･･･10尾
レモン･･･1/2個
にんにく･･･3片（18g）
ワイン（白）･･･大さじ3
バター･･･20g
塩、粗挽き黒こしょう･･･各少々
オリーブオイル･･･大さじ1と1/2

作り方

1　えびは竹串で背ワタを取り除き、塩と片栗粉各少々（各分量外）をもみ込み、流水で洗ってペーパータオルで水けをふく。レモンは3㎜幅の輪切りにする。にんにくはみじん切りにする。

2　スパゲッティをゆで始める。表示規定時間より1分早くザルにあげ、水けをきる（ゆで汁は大さじ3とっておく）。

3　フライパンにオリーブオイルをひき、1のにんにくを弱火で炒める。にんにくの香りがたってきたら、1のえび、ワインを入れて中火で炒める。

4　えびに火が通ったら、2のスパゲッティとゆで汁大さじ3を入れて、汁がなくなるまで炒める。バター、塩と粗挽き黒こしょうを加えて、具材とからめながら和え、1のレモンを入れてさっと炒める。

 料理 & 栄養メモ

淡白な味わいのえびと、さっぱりとしたレモンを組み合わせて爽やかな風味に。えびは高たんぱく・低脂肪なので、ダイエット中の食材としてもおすすめです。

有頭えびとかぶの
ブイヤベース煮パスタ

1人あたり
445
kcal

材料（2人分）

スパゲッティ --- 1束（100g）
有頭えび（殻あり・尾あり） --- 6尾
かぶ --- 2個
玉ねぎ --- 1/2個（100g）
セロリ --- 1/2本（50g）
オリーブ（グリーン・種なし） --- 6粒
にんにく --- 1片（6g）
水 --- 250㎖
Ⓐ ┃ トマトピューレ --- 100㎖
　 ┃ ワイン（白） --- 100㎖
　 ┃ 洋風スープの素（顆粒）
　 ┃ 　 --- 小さじ2
オリーブオイル --- 大さじ1/2

作り方

1 えびは頭と殻を取り竹串で背ワタを取り除き、ペーパータオルで水けをふく（頭と殻は捨てずにとっておく）。鍋にえびの頭と殻、水を入れてつぶしながら5分ほど煮込む。ザルにペーパータオルをひき、こす（えび出汁）。

2 かぶは縦6等分に切る。玉ねぎは1㎝角に切る。セロリは小口切りにする。オリーブ、にんにくはそれぞれ薄切りにする。

3 スパゲッティをゆで始める。表示規定時間より2分早くザルにあげ、水けをきる。

4 フライパンにオリーブオイルをひき、2のにんにくを弱火で炒める。にんにくの香りがたってきたら、残りの2を入れて中火で炒める。1の出汁、えびの身、Ⓐを入れて8分ほど温める。3を入れて、さらに2分ほど温める。

✓ 料理＆栄養メモ　えびの頭は旨みの宝庫なので、時間をかけて出汁をとるととてもおいしいパスタに仕上がります。トマトの旨みが濃縮されたトマトピューレで、煮込み時間を短縮。

桜えびのビスクパスタ

1人あたり
324 kcal

材料（2人分）

スパゲッティ --- 1束（100g）
ヤングコーン --- 4本
オクラ --- 4本
バター --- 10g
パルミジャーノ・レッジャーノ --- 少々

ビスクソース（2回分・300ml）

桜えび --- 40g
玉ねぎ --- 1/4個（50g）
にんにく --- 1片（6g）
トマト缶（カット） --- 1/2缶（200ml）
ワイン（白） --- 大さじ2
牛乳 --- 100ml
オリーブオイル --- 大さじ1/2

作り方

1. ビスクソースを作る。玉ねぎはみじん切りにし、にんにくはすりおろす。フライパンにオリーブオイルをひき、桜えび、玉ねぎ、にんにくを入れて炒める。玉ねぎがしんなりとしたら、トマト缶、ワインを入れて、具材となじませながら5分ほど煮込む。火をとめて粗熱をとり、ミキサーに移して撹拌する。再度フライパンに戻し、牛乳を加えてなじませる。
2. ヤングコーン、オクラはそれぞれ1cm幅に切る。
3. スパゲッティをゆで始める。表示規定時間より2分早くザルにあげ、水けをきる。
4. フライパンにバターを溶かし、1のビスクソース150mlを入れて中火で温める。2、3を入れて、からめながらさらに2分ほど温める。
5. 皿にパスタを盛り、食べる直前にパルミジャーノ・レッジャーノをふりかける。

アレンジ フジッリの桜えびパスタ

材料（2人分）

「桜えびのビスクパスタ」より
・スパゲッティ1束（100g） → フジッリ80g
に変えて作る。

作り方

1. 上記レシピの1と同様にビスクソースを作る。2と同様に食材を切る。
2. フジッリをゆでる。表示規定時間通りにゆでてザルにあげ、水けをきる。
3. 上記レシピの4〜5と同様に作る。

料理＆栄養メモ 旨みが凝縮されている桜えびを使って、風味と香りが豊かなパスタを目指しました。パルミジャーノ・レッジャーノは、たっぷりかけるとより濃厚な風味に。

かにとカニカマの
トマトクリームパスタ

1人あたり
597
kcal

材料（2人分）

スパゲッティ --- 1束(100g)
かに缶 --- 1缶(50g)
カニカマ（市販）--- 6本(100g)
ベーコン（ブロック）--- 50g
玉ねぎ --- 1/2個(100g)
セロリ --- 1/2本(50g)
にんにく --- 2片(12g)
トマトピューレ --- 200㎖
オイスターソース --- 小さじ2
生クリーム --- 50㎖
オリーブオイル --- 大さじ1
パセリ（葉）--- 少々

作り方

1 カニカマは食べやすい大きさに手でほぐす。ベーコン、玉ねぎ、セロリ、にんにくはそれぞれみじん切りにする。

2 スパゲッティをゆで始める。表示規定時間より1分早くザルにあげ、水けをきる。

3 フライパンにオリーブオイルをひき、1のにんにくを弱火で炒める。にんにくの香りがたってきたら、ベーコン、玉ねぎ、セロリを入れて中火で炒める。

4 玉ねぎがしんなりとしたら、かに、トマトピューレ、オイスターソースを入れて5分ほど煮込む。

5 生クリームを加えて一煮立ちさせたら、1のカニカマ、2を入れて、具材とからめるように1分ほど炒める。皿に盛り、パセリを散らす。

✓ 料理＆栄養メモ　かに缶のみだと旨みは強いもののボリュームが出ないので、カニカマで食べごたえを補いました。オイスターソースは、かにの風味ともよく合うので隠し味に。

ツナとズッキーニの
ローズマリーパスタ

1人あたり
367 kcal

材料（2人分）

- スパゲッティ --- 1束 (100g)
- ツナ缶（水煮）--- 2缶 (140g)
- ズッキーニ --- 1本 (100g)
- キャベツ --- 葉2枚 (100g)
- ローズマリー --- 2枝
- バター --- 10g
- しょうゆ --- 大さじ1
- チェダーチーズ（固形）
  --- お好みの量
- オリーブオイル --- 大さじ1

作り方

1. ツナは水けをきる。ズッキーニはピーラーで皮を縦に4カ所むき、1cm幅の輪切りにする。キャベツは一口大に切る。ローズマリーは食用ばさみで1cm幅に切る。
2. スパゲッティをゆで始める。表示規定時間より1分早くザルにあげ、水けをきる（ゆで汁は大さじ3とっておく）。
3. フライパンにオリーブオイルをひき、1のローズマリーを弱火で炒める。ローズマリーの香りがたってきたら、残りの1を入れて中火で炒める。
4. キャベツがしんなりとしたら、2のスパゲッティとゆで汁大さじ3を入れて炒める。バター、しょうゆを加えてからめながらさらに炒める。
5. 皿にパスタを盛り、スライサーなどで削ったチェダーチーズをふりかける。

 料理 & 栄養メモ　ズッキーニの皮の一部をむくと、皮の栄養も残しつつ、余計な油を吸いすぎないというメリットがあります。やわらかくてみずみずしいズッキーニを召し上がれ。

小えび入りたらこクリームパスタ

1人あたり
440 kcal

材料（2人分）

- スパゲッティ --- 1束（100g）
- たらこ --- 1腹（40g）
- むきえび --- 10尾
- しめじ --- 1パック（100g）
- ブロッコリースプラウト
  --- 1パック（20g）
- Ⓐ 牛乳 --- 100mℓ
  塩麹 --- 小さじ2
  粗挽き黒こしょう --- 少々
- 生クリーム --- 50mℓ

作り方

1. たらこは皮から身をほぐす。しめじは軸を切り、手で小房に分ける。ブロッコリースプラウトは軸を切る。
2. スパゲッティをゆで始める。表示規定時間より1分早くザルにあげ、水けをきる。
3. フライパンにⒶを入れて中火で温める。水面がふつふつとしてきたら、**1**のしめじ、むきえびを入れて、えびに火が通るまで温める。
4. **3**に生クリームを加えて温め、**1**のたらこ、**2**を入れて、からめながら1分ほど炒め合わせる。
5. 皿にパスタを盛り、**1**のブロッコリースプラウトを添える。

POINT!

たらこは加熱して存在感アップ

たらこパスタのおいしさの決め手は、たらこの存在感が感じられるかどうか。たらこは加熱することで生で食べるよりもプチプチとした食感が強まり、麺ともからみやすくなります。

料理 & 栄養メモ　定番のたらこパスタには、隠し味に塩麹を！　でんぷんを分解して甘みを引き出したり、たんぱく質を分解して食材をやわらかくしたりする効果が期待できます。

たことブロッコリーの
オレガノバターパスタ

1人あたり **397** kcal

材料（2人分）

スパゲッティ --- 1束(100g)
たこ（ボイル）--- 130g
ブロッコリー --- 1株(150g)
キャベツ --- 葉2枚(100g)
にんにく --- 1片(6g)
しょうが --- 1片(6g)
赤とうがらし（輪切り・種なし）
　--- 1/2本分
バター --- 10g
ナンプラー --- 小さじ2
オレガノパウダー --- 小さじ1
オリーブオイル --- 大さじ1

作り方

1 たこはぶつ切りにする。ブロッコリーは小房に分け、半分に切る。キャベツは一口大に切る。にんにく、しょうがはそれぞれみじん切りにする。

2 スパゲッティをゆで始める。表示規定時間より1分早くザルにあげ、水けをきる（ゆで汁は大さじ3とっておく）。

3 フライパンにオリーブオイルをひき、1のにんにくとしょうが、赤とうがらしを弱火で炒める。にんにくの香りがたってきたら残りの1を入れ、中火で炒める。

4 3に2のスパゲッティとゆで汁大さじ3を入れて、和えながらさっと炒める。バター、ナンプラーを加えてバターが溶けるまで炒め、オレガノパウダーをふりかける。

 料理 & 栄養メモ　たこには、肝臓の解毒能力を高める効果が期待できるタウリンが含まれています。お酒と食事を一緒に楽しむ席にもおすすめのパスタです。

アスパラガスと塩辛の　クリームチーズパスタ

1人あたり
377 kcal

材料（2人分）

- スパゲッティ --- 1束（100g）
- アスパラガス（グリーン）--- 4本
- 塩辛（市販）--- 60g
- にんにく --- 1片（6g）
- Ⓐ
  - 豆乳（無調整）--- 100mℓ
  - クリームチーズ --- 50g
  - しょうゆ --- 小さじ1
- 粗挽き黒こしょう --- 少々
- オリーブオイル --- 大さじ1/2

作り方

1. アスパラガスは根元を切り落とし、下から1/3部分の皮をピーラーでむき2cm幅の斜め切りにする。にんにくはみじん切りにする。
2. スパゲッティをゆで始める。表示規定時間より2分早くザルにあげ、水けをきる。
3. フライパンにオリーブオイルをひき、1のにんにくを弱火で炒める。にんにくの香りがたってきたら、アスパラガスを入れて中火で炒める。
4. アスパラガスの表面に焼き色がついたらⒶを加え、クリームチーズを溶かしながら水面がふつふつとするまで温める。
5. 4に2を入れて、2分ほど温める（1分ほどたったら塩辛を加える）。皿に盛り、粗挽き黒こしょうをふりかける。

料理＆栄養メモ

噛みごたえのある塩辛とシャキシャキのアスパラガスが魅力的な組み合わせ。アスパラガスは疲労回復効果が期待できるので、お疲れ気味の身体を労ってくれます。

あさりと白いんげん豆の
アンチョビパスタ

1人あたり
415 kcal

材料（2人分）

スパゲッティ --- 1束（100g）
あさり --- 300g
白いんげん豆（水煮） --- 150g
バジル --- 葉8枚
にんにく --- 1片（6g）
ワイン（白） --- 70ml
アンチョビ --- 2枚
バター --- 10g
粗挽き黒こしょう --- 少々

作り方

1 あさりの砂抜きをする。バットにあさりを並べて、あさりがかぶるくらいまで塩水（水500mlに対し、塩15gの割合）を注ぎ入れる。新聞紙などをかぶせて3時間ほどおき、殻同士をこすりながら水でしっかりと洗う。

2 白いんげん豆は水で洗い、水けをきる。にんにくは薄切りにする。

3 スパゲッティをゆで始める。表示規定時間より2分早くザルにあげ、水けをきる。

4 フライパンに1、2のにんにく、ワインを入れて強火にかける。水面がふつふつとしてきたら、フタをして中火にし、あさりの口が開くまで温める。

5 4に2の白いんげん豆、3、アンチョビを入れて2分ほど温める。1分ほどたったらバターを加える。

6 5にバジルを手でちぎって加え、粗挽き黒こしょうをふりかける。

アレンジ → あさりと白いんげん豆のコンキリエ

材料（2人分）

「あさりと白いんげん豆のアンチョビパスタ」より
・スパゲッティ1束（100g） → コンキリエ80g
に変えて作る。

作り方

1 上記レシピの1〜2と同様に食材の下準備をする。

2 コンキリエをゆでる。表示規定時間通りにゆでてザルにあげ、水けをきる。

3 上記レシピの4〜6と同様に作る。

料理＆栄養メモ　あさりのエキスを白ワインで煮出した濃厚パスタ。麺にエキスを吸わせるために、ゆで時間は規定よりも短めに。豆のとろっとした舌触りがクセになります。

ポテトクラムチャウダーパスタ

1人あたり **676** kcal

材料（2人分）

- スパゲッティ --- 1束(100g)
- あさり缶(水煮) --- 1缶(約180g)
- ほうれん草 --- 1束(50g)
- じゃがいも --- 大1個(150g)
- Ⓐ
  - クリームソース(P.107参照) --- 200g
  - 牛乳 --- 200㎖
  - しょうゆ --- 小さじ1
- 白こしょう --- 少々
- オリーブオイル --- 大さじ1/2

作り方

1. あさりは身と汁を分ける。ほうれん草は3cm幅に切る。じゃがいもは1.5cm角に切る。
2. スパゲッティをゆで始める。表示規定時間より2分早くザルにあげ、水けをきる。
3. 鍋にオリーブオイルをひき、1のじゃがいもを中火で炒める。じゃがいもの表面に焼き色がついたら、ほうれん草を入れてさっと炒める。
4. 1のあさりの汁、Ⓐを加えて5分ほど温める。1のあさりの身、2を入れて、さらに2分ほど温める。1分ほどたったら白こしょうを加える。

料理 & 栄養メモ あさりは長時間煮込むと身が硬くなってしまうので、汁を入れるタイミングと分けることがポイントです。じゃがいもは表面に焼き色をつけて香ばしさを出します。

ムール貝とエリンギの
スパイシーペスカトーレ

1人あたり 428 kcal

材料（2人分）

スパゲッティ --- 1束（100g）
ムール貝 --- 400g
エリンギ --- 3本（150g）
ワイン（白）--- 70㎖
トマトソース（P.106参照）
　--- 大さじ6
豆板醤 --- 小さじ1/4
イタリアンパセリ --- 少々

作り方

1　ムール貝は、流水に当てながらたわしなどでこすり洗いする。エリンギは縦半分に切り、斜め切りにする。イタリアンパセリは刻む。

2　スパゲッティをゆで始める。表示規定時間より2分早くザルにあげ、水けをきる。

3　フライパンに1のムール貝、ワインを入れて強火にかける。水面がふつふつとしてきたら1のエリンギを加え、フタをして中火にし、ムール貝の口が開くまで温める。

4　3に2を入れて1分ほど温める。汁けが飛んだら、トマトソース、豆板醤を加えてからめながら炒める。

5　皿にパスタを盛り、1のイタリアンパセリを散らす。

料理＆栄養メモ

豆板醤を隠し味に使ったピリ辛ペスカトーレ。ムール貝は砂抜き不要ですが、表面の汚れや足糸（そくし）がついているので丁寧に下処理をすることが大切です。

ほたてとトマトの
冷製サルサパスタ

1人あたり
379 kcal

材料（2人分）

スパゲッティ --- 1束 (100g)
ほたて貝柱（刺身用） --- 6個
Ⓐ
| トマト --- 1/2個 (100g)
| 紫玉ねぎ --- 1/4個 (50g)
| バジル --- 葉6枚
| にんにく --- 1片 (6g)
| ケチャップ --- 大さじ3
| オリーブオイル --- 大さじ1
| レモン汁 --- 小さじ2
| タバスコ --- 小さじ1

作り方

1 ほたて貝柱は2〜3等分に薄切りにする。

2 Ⓐのトマトは1cm角に切る。紫玉ねぎは5mm角に切る。バジルはみじん切りにする。にんにくはすりおろす。ボウルに1、Ⓐの材料をすべて入れて和え、冷蔵庫で20分以上冷やす。

3 スパゲッティをゆでる。表示規定時間通りにゆでてザルにあげ、氷水で冷やして水けをきる。

4 2のボウルに3を入れて和える。

POINT!

ほたて貝柱にも調味料や食材の味を染み込ませて

ほたて貝柱は、Ⓐの材料とともにボウルで和えて冷やしたほうが、味が染み込んでおいしく仕上がります。この一手間を惜しまないことで、ほたてとトマトの旨みを感じられる逸品に仕上がります。

✓ 料理＆栄養メモ　まろやかな舌触りのほたて貝柱と、トマトや紫玉ねぎの新鮮野菜がおいしいサルサソースのパスタ。トマトには抗酸化力の高いリコピンがたっぷり含まれています。

いくらとスモークサーモンの
ペペロンチーノ

1人あたり 387 kcal

材料（2人分）

スパゲッティ --- 1束（100g）
いくら（しょうゆ漬け）--- 40g
スモークサーモン --- 6枚
ベビーリーフ --- 10g
にんにく --- 2片（12g）
赤とうがらし（輪切り・種なし）
　--- 1本分
しょうゆ --- 小さじ1
オリーブオイル --- 大さじ1と1/2

作り方

1. にんにくは薄切りにする。
2. スパゲッティをゆで始める。表示規定時間より1分早くザルにあげ、水けをきる（ゆで汁は70mlとっておく）。
3. フライパンにオリーブオイルをひき、1、赤とうがらしを弱火で炒める。にんにくの香りがたってきたら2のゆで汁を加え、白っぽくなるまでなじませる。
4. 3に2のスパゲッティを入れて1分ほど温め、しょうゆを加える。
5. 皿にパスタを盛り、スモークサーモン、ベビーリーフ、いくらを添える。

 料理 & 栄養メモ　いくらとサーモンの親子パスタです。通常、ペペロンチーノの味つけでは使わないしょうゆを隠し味として入れることで、味がぼやけずまとまりが出ます。

サーモンとカリフラワーの
ミントバターパスタ

1人あたり
512 kcal

材料（2人分）

- スパゲッティ --- 1束（100g）
- サーモン --- 1切れ（130g）
- カリフラワー --- 1/2株（約150g）
- ひよこ豆（水煮）--- 50g
- スペアミント --- 葉10枚
- 塩、粗挽き黒こしょう --- 各少々
- 薄力粉 --- 小さじ2
- 水 --- 100㎖
- ワイン（白）--- 大さじ2
- 洋風スープの素（顆粒）--- 小さじ1
- バター --- 20g（10g分は常温に戻す）

作り方

1. サーモンはペーパータオルで水けをふき、3cm幅に切る。塩と粗挽き黒こしょうをふり、薄力粉をまぶす。
2. カリフラワーは小房に分けて、半分に切る。ひよこ豆は水けをきる。スペアミントはみじん切りにし、常温に戻したバター10gと混ぜておく。
3. スパゲッティをゆで始める。表示規定時間より2分早くザルにあげ、水けをきる。
4. フライパンに残りのバターを溶かし、1、2のカリフラワーを入れて炒める。サーモンの両面に焼き色がついたら、水、ワインを加えて一煮立ちさせる。
5. 4の水面がふつふつとしてきたら、2のひよこ豆、3、洋風スープの素を入れて2分ほど温める。2のバターを加えて和える（お好みでさらにスペアミントを添えてもおいしい）。

料理＆栄養メモ

スペアミントはみじん切りにしてバターと混ぜることで、具材としっかりからみパスタ全体に爽快感が出ます。カリフラワーは大きめに切って食べごたえアップ。

いわしとスモークチーズのパスタ

1人あたり **512** kcal

材料（2人分）

- スパゲッティ --- 1束（100g）
- いわし缶（水煮）--- 1缶（約100g）
- スモークチーズ --- 10個
- 水菜 --- 1束（50g）
- ラディッシュ --- 2個
- Ⓐ
  - マヨネーズ --- 大さじ3
  - 豆乳（無調整）--- 大さじ1
  - レモン汁 --- 小さじ1
  - 粗挽き黒こしょう --- 少々

作り方

1. いわしは水けをきり、粗めにほぐす。スモークチーズは縦半分に切る。水菜は2cm幅に切る。ラディッシュは1mm幅の薄切りにする。
2. スパゲッティをゆでる。表示規定時間通りにゆでてザルにあげ、水けをきる。
3. ボウルにラディッシュ以外の1の具材、2、Ⓐを入れて和える。
4. 皿にパスタを盛り、1のラディッシュを添える。

 料理 & 栄養メモ　いわしにはEPAが豊富に含まれているので、中性脂肪を減らしたり血液の健康を維持したりする効果が期待できるうれしいパスタです。

さんまとまいたけの
アヒージョ風パスタ

1人あたり **642** kcal

材料（2人分）

- スパゲッティ --- 1束（100g）
- さんま --- 2尾
- まいたけ --- 1パック（100g）
- ガーリックオニオンソース
  （P.107参照）--- 大さじ4
- オレガノパウダー --- お好みの量
- オリーブオイル --- 大さじ1

作り方

1. さんまの下処理をする。頭と尾を切り落とし、腹に縦に切れ目を入れて内臓を取り除く。水でよく洗って3枚おろしにし、4cm幅に切る。
2. まいたけは食べやすい大きさに手でほぐす。
3. スパゲッティをゆで始める。表示規定時間より1分早くザルにあげ、水けをきる（ゆで汁は大さじ3とっておく）。
4. フライパンにオリーブオイルをひき、1、2を入れて中火で焼く。さんまの両面に焼き色がついたら、3のスパゲッティとゆで汁大さじ3を入れて、具材とからめながら中火で炒める。
5. 4にガーリックオニオンソースを加え、中火で炒める。仕上げにオレガノパウダーをふりかける。

 料理 & 栄養メモ　さんまは下処理と焼く作業を丁寧に行うと、身がふんわり仕上がります。まいたけのβ-グルカンにはガン予防や血圧・コレステロール値を下げる効果が期待できます。

column 1

パスタの仕上がりをワンランク上げる

おいしいゆで方のコツ

みなさんの食卓におなじみのパスタだからこそ、
おいしいゆで方のコツをおさらいしましょう。

大きな鍋でゆでる基本のゆで方

パスタをゆでるお湯は、もったいぶらずにたっぷり使うのがポイントです。

1 鍋にお湯を沸かし、塩を入れる

3ℓのお湯を沸騰させて、塩大さじ1と1/2を入れます。塩を入れることでパスタにほんのりと塩味がつきます。※塩分量を0.7〜0.8％にする。

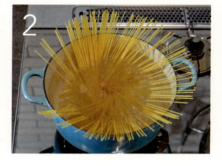

2 パスタがくっつかないように入れる

束の状態のパスタを両手で持ち、両手を左右にかるくねじってパッと手を離すと、パスタが鍋に均一に広がります。

3 ゆで時間中も3〜4回は菜箸でかき回す

ゆでている間にパスタがくっつかないよう、何度かかき回します。吹きこぼれに注意しながら、常に沸騰状態をキープして。

4 パスタを1本取り出して固さをチェック

ゆで上がったら1本取り出し、指先で切って固さを調べます。表示規定時間よりも1〜2分前に取り出す場合は、少し芯が残る程度でOK。

フライパンでゆでる "蒸しゆで"

大きな鍋を持っていなくても、フライパンで十分おいしくゆでられます。

1 お湯を沸かし、塩とオリーブオイルを入れる

深めのフライパンに600mlのお湯を沸騰させ、塩とオリーブオイル各小さじ1を入れます。オリーブオイルを入れると、麺のくっつき防止に。

2 パスタを半分に折って入れ、フタをする

フライパンからはみ出すとゆで加減にムラが出るので、パスタは半分に折ります。沸騰状態をキープしながらフタをします。

3 フタをあけて、ときどき菜箸でかき回す

吹きこぼれないように火加減を調整しながら、途中でフタをあけてかき回します。ゆで上がったら、鍋ゆでと同様に指先で固さを調べましょう。

ゆでたパスタの冷やし方

冷製パスタにするときの冷やし方のコツです。しっかり冷えると麺がしまります。

ゆで汁の上手な活用法

ゆで汁は少量残しておくと、パスタが炒めやすくなります。

1 氷水に入れて冷やす

ボウルに氷水を用意し、ゆで上がったパスタを入れます。30秒〜1分以内を目安に冷やしましょう。

2 ザルにあげて水けをきる

パスタが冷えたらザルにあげます。水けが残っているとソースが薄まる原因になるので、しっかりと水けを切ります。

ゆで汁を少量加えて麺の潤いを復活させる

ゆで汁にはパスタのでんぷんが溶け出しているので、粘度が出やすくなります。炒めているときに汁けがないなと感じたら、大さじ1ずつ入れると具材とパスタがからみやすくなりますよ。

column 2

おうちで楽しむ
世界のいろいろなパスタ

「パスタ麺」とひとくくりに言っても、種類によって個性があります。
形や食感の違いを楽しんで、お気に入りのパスタ麺を探してみましょう。

この本の基本のパスタ
スパゲッティ（1.6mm）

本書では、スーパーなどで手に入れやすい一般的な1.6mmのスパゲッティ（ゆで時間7分）を基本のパスタとして使用しています。パスタ好きの方、ときどきパスタを作る方など、多くの家庭でよく食べられている太さのパスタではないでしょうか。1.6mmのスパゲッティはさまざまな具材やソースとの相性がいいので、扱いやすくおすすめです。早ゆでタイプ、低糖質タイプなど、同じ1.6mmのスパゲッティでもいろいろな種類があります。

さらにおすすめしたい！
本書に登場する8つのパスタ

フェットチーネ *Fettuccine*

日本のきしめんのように太く、歯ごたえのある食感が特徴です。クリーム系やトマト系のパスタはもちろん、本書ではパッタイ麺をイメージして、アレンジレシピに使っています。

食感のタイプ：もちもち
食べごたえ：かなりあり
具材とのからみやすさ：◎

ペンネ *Penne*

ペンネとは「ペンの先」という意味の通り、両端が尖った見た目をしています。表面に細かく筋が入っているタイプを選ぶと、ソースのからみがよりよくなります。

食感のタイプ：ややもちもち
食べごたえ：あり
具材とのからみやすさ：◎

フジッリ *Fusilli*

らせん状にねじれているパスタです。具材やソースとの相性はもちろん、ひき肉をそぼろ状にした肉パスタなどと合わせても。噛みごたえがあるので少量でも満足できます。

食感のタイプ：もちもち
食べごたえ：かなりあり
具材とのからみやすさ：◎

コンキリエ *Conchiglie*

貝殻のような見た目が美しい、華やかさがあるパスタです。中が空洞で受け皿のような形をしており、細かな具材やソースが中まで入るので一緒に食べやすいです。

食感のタイプ：ややもちもち
食べごたえ：あり
具材とのからみやすさ：◎

マカロニ *Macaroni*

マカロニサラダやグラタンなど、スパゲッティと並ぶくらい私たちの生活において身近なパスタです。メインのパスタとしても、ときには具材としても楽しめます。

食感のタイプ：つるつる
食べごたえ：ややあり
具材とのからみやすさ：◎

ファルファッレ *Farfalle*

リボンのような見た目で、「ちょうちょう」という意味があります。両端と中心部の厚さが違うので、食べたときの食感が変わるのもこのパスタならではの特徴です。

食感のタイプ：もちもち（中心部はもっちり）
食べごたえ：あり
具材とのからみやすさ：◎

カッペリーニ *Capellini*

髪の毛のように細く、その細さはなんと1mm未満。ゆで時間も短く済みます。冷製パスタなど、さらっとしたのどごしを楽しみたい方におすすめのパスタです。

食感のタイプ：つるつる
食べごたえ：わずかにあり
具材とのからみやすさ：△

クスクス *Couscous*

つぶつぶとした見た目が特徴的な、世界最小のパスタです。サラダやスープに入れて、トッピングとして味わったり食感のアクセントとしてプラスしたりしましょう。

食感のタイプ：ぷちぷち
食べごたえ：わずかにあり
具材とのからみやすさ：△

2章 和風パスタ

食材のおいしさや旨みを引き立たせた、
和食ならではのやさしい味わいを感じるパスタです。
洋風の定番パスタを和風味にアレンジした、新感覚のおいしさも楽しんで。

たらとみょうがの
みそクリームパスタ

1人あたり
361 kcal

材料（2人分）

スパゲッティ --- 1束(100g)
塩たら --- 2切れ(140g)
みょうが --- 2本
にら --- 1束(100g)
牛乳 --- 150ml
みそ --- 大さじ1
バター --- 10g
粗挽き黒こしょう --- 少々

作り方

1. たらはペーパータオルで水けをふき、3cm幅に切る。みょうがは小口切りにする。にらは4cm幅に切る。
2. スパゲッティをゆで始める。表示規定時間より2分早くザルにあげ、水けをきる。
3. フライパンに牛乳、みそを入れて中火で温める。水面がふつふつとしてきたら弱中火にし、1のたらを入れて5分ほど煮込む。
4. 3に1のみょうが半量とにら、2、バターを入れて2分ほどさらに温める。皿に盛り、1の残りのみょうがをのせ、粗挽き黒こしょうをふりかける。

アレンジ 　たらとみょうがのみそペンネグラタン

材料（2人分）

「たらとみょうがのみそクリームパスタ」より
・スパゲッティ1束(100g) ⟶ ペンネ50g
に変え、
・薄力粉 --- 大さじ1と1/2
・ピザ用チーズ --- お好みの量
を加えて作る。

作り方

1. 上記レシピの1と同様に食材を切る。
2. ペンネをゆでる。表示規定時間通りにゆでてザルにあげ、水けをきる。
3. ホワイトソースを作る。牛乳と薄力粉を混ぜ、フライパンにバターを溶かして入れる。木ベラなどで底を混ぜ、とろみがついたらみそを加える。
4. 耐熱皿に2→1→3の順にのせ、ピザ用チーズと粗挽き黒こしょうをふりかけて200℃のオーブンで20〜25分焼く。

 料理＆栄養メモ　ミルク系の味つけににらという意外な組み合わせですが、にらの風味や香りが引き立つので相性がいいです。みょうがをたっぷり入れるとあっさりとした味わいに。

063

しゃけと里芋の白みそパスタ

1人あたり **357** kcal

材料（2人分）

スパゲッティ･･･1束（100g）
さけフレーク（市販）･･･50g
里芋（水煮）･･･150g
わかめ（塩蔵）･･･30g
豆乳（無調整）･･･150㎖
白みそ･･･大さじ1
粗挽き黒こしょう･･･小さじ1/4

作り方

1. 里芋は水けをきる（大きければ横半分に切る）。わかめは水で洗って水けをきり、3cm幅に切る。

2. スパゲッティをゆで始める。表示規定時間より2分早くザルにあげ、水けをきる。

3. フライパンに豆乳を入れて中火で温める。水面がふつふつとしてきたら弱中火にし、1、さけフレークを入れてさらに温める。

4. 3に2を入れて2分ほど温める。1分ほどたったら白みそを溶く。皿に盛り、粗挽き黒こしょうをふりかける。

料理 & 栄養メモ

みそ汁や和え物などによく使うわかめですが、噛みごたえがあるのでアクセントとして入れると満腹感が増します。低カロリーで食物繊維も豊富なうれしい食材です。

かつおとクレソンの
すだち冷製パスタ

1人あたり 429 kcal

材料（2人分）

スパゲッティ --- 1束（100g）
かつお（刺身用） --- 6切れ
クレソン --- 2束（100g）
ベーコン（ブロック） --- 50g
枝豆（ゆで済み・むき身） --- 50g
すだち --- 2個
粗挽き黒こしょう --- 少々
しょうゆ --- 小さじ2
ごま油 --- 小さじ2

作り方

1 クレソンは3cm幅に切る。ベーコンはみじん切りにする。すだち1個は2mm幅の薄切りにし、もう1個は絞る。

2 フライパンに油をひかずに、1のベーコンを中火で炒める。ベーコンに焼き色がついたら、粗挽き黒こしょうをふりかける。

3 スパゲッティをゆでる。表示規定時間通りにゆでてザルにあげ、氷水で冷やして水けをきる。

4 ボウルに1のクレソン、薄切りにしたすだち、すだちの果汁、2、3、かつお、枝豆を入れて和える。しょうゆ、ごま油を加えてさらに和える。

 料理 & 栄養メモ　かつおのさっぱりとしたおいしさにベーコンのこってりとした旨みの強さを足した、1皿で大満足の魚×肉の組み合わせです。すだちを2個入れて爽やかさアップ。

さんまの和風ミートパスタ

1人あたり **595** kcal

材料（2人分）

- スパゲッティ --- 1束（100g）
- さんま缶（水煮）--- 1缶（約200g）
- 豚ひき肉 --- 100g
- キャベツ --- 葉1枚（50g）
- 小ねぎ --- 2本
- にんにく --- 1片（6g）
- しょうが --- 1片（6g）
- Ⓐ
  - トマトピューレ --- 100mℓ
  - 水 --- 50mℓ
  - 酒 --- 大さじ2
  - みそ --- 大さじ1
  - しょうゆ --- 小さじ2
- ごま油 --- 大さじ1/2

作り方

1. さんまは身と汁を分けておく。キャベツは千切りにし、氷水で5分ほど冷やして水けをきる。小ねぎは小口切りにする。にんにく、しょうがはそれぞれみじん切りにする。
2. スパゲッティをゆで始める。表示規定時間通りにゆでてザルにあげ、水けをきる。
3. フライパンにごま油をひき、1のにんにくとしょうがを弱火で炒める。にんにくの香りがたってきたら、1のさんまの身、豚肉を入れてヘラなどでそぼろ状になるように中火で炒める。
4. 豚肉に半分ほど火が通ったら、1のさんまの汁、Ⓐを入れて汁けがなくなるまで煮込む。
5. 皿に2を盛り、1のキャベツ、4をのせる。1の小ねぎを散らす。

料理＆栄養メモ

さんまの風味をしっかりと感じる、和風ミートソース。トマトピューレとみそを効かせて魚のくさみ消しにも。シャキシャキのキャベツと一緒に食べることで、ヘルシーに食べ進められます。

しらすとパクチーの
ごま油パスタ

1人あたり
309
kcal

材料（2人分）

スパゲッティ --- 1束 (100g)
しらす干し --- 40g
パクチー --- 2束
サニーレタス --- 葉2枚
にんにく --- 1片 (6g)
ナンプラー --- 小さじ2
すりごま（白）--- 大さじ1
ごま油 --- 小さじ3

作り方

1. パクチーは葉と茎を分けて、3cm幅に切る。サニーレタスは一口大に手でちぎる。にんにくはみじん切りにする。

2. スパゲッティをゆで始める。表示規定時間より1分早くザルにあげ、水けをきる（ゆで汁は大さじ3とっておく）。

3. フライパンにごま油小さじ2をひき、1のにんにくを弱火で炒める。にんにくの香りがたってきたら、1のパクチーの茎、2のスパゲッティとゆで汁大さじ3、しらすを入れて強火でさっと炒め、ナンプラーを加える。

4. 火をとめて1のサニーレタス、すりごまを入れて、余熱で温めながら和える。皿に盛り、1のパクチーの葉をのせ、残りのごま油を回しかける。

 料理 & 栄養メモ　しらすとナンプラーは、海の食材同士で相性抜群なので味が決まります。濃厚なごま油を使っているので、あっさりとしたパクチーとレタスを一緒に添えて。

焼きほっけと高菜の
ピリ辛パスタ

1人あたり
401
kcal

材料（2人分）

スパゲッティ --- 1束（100g）
ほっけの開き --- 1尾（150g）
高菜漬け（市販）--- 40g
しめじ --- 1パック（100g）
長ねぎ --- 1/2本
にんにく --- 1片（6g）
赤とうがらし（輪切り・種なし）
　--- 1本分
しょうゆ --- 小さじ2
ごま油 --- 大さじ1/2

作り方

1. ほっけは、魚焼きグリルなどで両面に焼き色がつくまで片面ずつ5～6分焼く。粗熱がとれたら皮と骨を取り除き、身をほぐす。

2. しめじは石づきを切り、手で小房に分ける。長ねぎは3mm幅の斜め切りにする（トッピング用に少量分けておく）。にんにくはみじん切りにする。

3. スパゲッティをゆで始める。表示規定時間より1分早くザルにあげ、水けをきる（ゆで汁は大さじ3とっておく）。

4. フライパンにごま油をひき、2のにんにく、赤とうがらしを弱火で炒める。にんにくの香りがたってきたら、2のしめじと長ねぎ、高菜漬けを入れて中火で炒める。3のスパゲッティとゆで汁大さじ3を入れてさらに炒める。

5. 1、しょうゆを入れて具材とからめながら炒める。

 料理 & 栄養メモ　長ねぎは斜めに薄切りにして生のままトッピングすると、食感もよく最後までさっぱりと食べられます。辛い味つけが苦手な方は、赤とうがらしを半量にしても。

ほたてとえのきの大葉ジェノバパスタ

1人あたり
426 kcal

材料（2人分）

スパゲッティ --- 1束（100g）
ベビーほたて（ボイル）--- 8個
えのきたけ --- 1と1/2パック（150g）
大葉ジェノバ（P.108参照）--- 大さじ3
しょうゆ --- 小さじ2
パルメザンチーズ（粉末）--- お好みの量

作り方

1. えのきたけは石づきを切り、3cm幅に切る。たっぷりのお湯で1分ほどゆでて、水けをきる。
2. スパゲッティをゆでる。表示規定時間通りにゆでてザルにあげ、水けをきる。
3. ボウルに1、2、ベビーほたて、大葉ジェノバ、しょうゆを入れて和える。皿に盛り、パルメザンチーズをふりかける。

アレンジ たことえのきの大葉コンキリエ

材料（2人分）

「ほたてとえのきの大葉ジェノバパスタ」より
・スパゲッティ1束（100g） ⟶ コンキリエ80g
・ベビーほたて（ボイル）8個 ⟶ たこ（ボイル）80g
に変えて作る。

作り方

1. 上記レシピの1と同様に食材を切る。たこは食べやすい大きさに切る。
2. コンキリエをゆでる。表示規定時間通りにゆでてザルにあげ、水けをきる。
3. 上記レシピの3と同様に作る。

料理 & 栄養メモ えのきたけのキノコキトサンは、腸内の善玉菌増加と便秘解消に効果的です。たことコンキリエに変えて作ると、より噛みごたえが出てまた違った食感が楽しめます。

071

あさりとミニトマトの
ボンゴレみそパスタ

1人あたり
349 kcal

材料（2人分）

スパゲッティ --- 1束（100g）
あさり --- 200g
ミニトマト --- 10個
ブロッコリー --- 1/3株（50g）
大葉 --- 4枚
にんにく --- 2片（12g）
赤とうがらし（輪切り・種なし）
　--- 1本分
酒 --- 大さじ3
みそ --- 大さじ1
オリーブオイル --- 大さじ1

作り方

1. あさりの砂抜きをする。バットにあさりを並べて、あさりがかぶるくらいまで塩水（水500mlに対し、塩15gの割合）を注ぎ入れる。新聞紙などをかぶせて3時間ほどおき、殻同士をこすりながら水でしっかりと洗う。

2. ミニトマトはヘタを取る。ブロッコリーは小房に分ける。大葉、にんにくはそれぞれみじん切りにする。

3. スパゲッティをゆで始める。表示規定時間より2分早くザルにあげ、水けをきる（ゆで汁は50mlとっておく）。

4. フライパンにオリーブオイルをひき、2のにんにく、赤とうがらしを弱火で炒める。にんにくの香りがたってきたら、1、残りの2、酒を入れてフタをし、あさりの口が開くまで中火で蒸す。

5. 4に3のスパゲッティとゆで汁50mlを入れてみそを溶く。汁けが半分くらいになるまで2分ほど煮込む。

料理 & 栄養メモ　あさりにはコハク酸という旨み成分が含まれているので、スパゲッティを早めに取り出して2分ほどあさりの旨みを吸わせると、麺そのもののおいしさが増します。

叩きえびと豆もやしの
和風カレーパスタ

1人あたり
454 kcal

材料（2人分）

スパゲッティ --- 1束（100g）
むきえび --- 100g
豆もやし --- 1パック（200g）
にんにく --- 1片（6g）
カレールウ（辛口）--- 1片（18g）
ウスターソース --- 小さじ2
オリーブオイル --- 小さじ2
温泉卵（P.138参照）--- 2個

作り方

1. むきえびは包丁で粗めにたたく。にんにくはみじん切りにする。カレールウは細かく刻む。
2. スパゲッティをゆで始める。表示規定時間より2分早くザルにあげ、水けをきる（ゆで汁は100mlとっておく）。
3. フライパンにオリーブオイルをひき、1のにんにくを弱火で炒める。にんにくの香りがたってきたら、1のむきえび、豆もやしを入れて中火で炒める。
4. 豆もやしがしんなりとしたら、1のカレールウ、2のスパゲッティとゆで汁100mlを入れて2分ほど炒め、ウスターソースを加える。
5. 皿にパスタを盛り、温泉卵をのせる。

✓ 料理＆栄養メモ　えびはたたくと麺とからみやすくなり、えびの味わいが感じられる一品に。カレールウを入れることでとろみがつきます。豆もやしで食べごたえを出しましょう。

桜えびととろろ昆布の
カマンベールチーズパスタ

1人あたり
410
kcal

材料 (2人分)

スパゲッティ --- 1束 (100g)
桜えび --- 10g (5gずつに分けておく)
キャベツ --- 葉3枚 (150g)
とろろ昆布 --- 大さじ2
塩昆布 --- 5g
カマンベールチーズ (カットタイプ)
　　--- 4ピース (80g)
オリーブオイル --- 大さじ1

作り方

1　桜えび5gと塩昆布はそれぞれみじん切りにする。キャベツは一口大に切る。

2　スパゲッティをゆで始める。表示規定時間より1分早くザルにあげ、水けをきる (ゆで汁は大さじ3とっておく)。

3　フライパンにオリーブオイルをひき、1を中火で炒める。キャベツがしんなりとしてきたら、2のスパゲッティとゆで汁大さじ3、残りの桜えびを入れて炒める。

4　カマンベールチーズを入れて、断面がとろけるくらいまで炒める。皿に盛り、とろろ昆布をのせる。

 料理＆栄養メモ　塩昆布とカマンベールチーズの塩けがおいしいパスタなので、味つけはシンプルに。桜えびは、刻む分は味つけに、残りは風味づけにと役割を分けて使っています。

白子と焼きごぼうの ねりごまパスタ

1人あたり
489 kcal

材料（2人分）

スパゲッティ --- 1束（100g）
白子（今回はしゃけの白子を使用）
　--- 120g
ごぼう --- 1本（80g）
しいたけ --- 4個
薄力粉 --- 小さじ2
バター --- 10g
Ⓐ｜ぽん酢 --- 大さじ2
　｜ねりごま（白）--- 大さじ2
　｜みそ --- 小さじ2
すりごま（白）--- 小さじ2
刻みのり --- 少々
ごま油 --- 小さじ2

作り方

1 白子の下処理をする。食べやすい大きさに切ってペーパータオルで水けをふいたら、薄力粉を全体に薄くまぶす。

2 ごぼうは縦半分に切り、斜め切りにする。しいたけは半分に切る。

3 スパゲッティをゆで始める。表示規定時間より1分早くザルにあげ、水けをきる（ゆで汁は大さじ3とっておく）。

4 フライパンにごま油をひき、2を中火で炒める。ごぼうがしんなりとしたらフライパンの端に具材を寄せ、バターを溶かし1を入れて両面をしっかりと焼く。

5 4に3のスパゲッティとゆで汁大さじ3を入れて、具材とからめながら炒め、Ⓐを回し入れて和える。食べる直前にすりごまを加えて和え、皿に盛り、のりを散らす。

料理＆栄養メモ　白子はやわらかく崩れやすいので、フライパンで表面を焼いているときと、スパゲッティとゆで汁を入れるときは菜箸などであまりさわらず、やさしく和えましょう。

豚肉と野沢菜の明太おろしパスタ

1人あたり
516 kcal

材料（2人分）

- スパゲッティ --- 1束（100g）
- 豚バラ肉（薄切り）--- 120g
- 野沢菜漬け（市販）--- 100g
- 大根 --- 80g
- 明太子 --- 1腹（40g）
- にんにく --- 1片（6g）
- めんつゆ（3倍濃縮）--- 大さじ1
- バター --- 10g

作り方

1. 豚肉、野沢菜漬けはそれぞれ3cm幅に切る。大根はすりおろし、しっかりと水けをきる。明太子は皮から身をほぐし、ボウルで大根おろしと合わせる（明太おろし）。にんにくはみじん切りにする。
2. スパゲッティをゆで始める。表示規定時間より1分早くザルにあげ、水けをきる（ゆで汁は大さじ3とっておく）。
3. フライパンにバターを溶かし、1のにんにくを弱火で炒める。にんにくの香りがたってきたら豚肉を入れて中火で炒める。
4. 豚肉に半分ほど火が通ったら、1の野沢菜漬け、2のスパゲッティとゆで汁大さじ3を入れて温め、めんつゆを加えて和えながら炒める。皿に盛り、1の明太おろしをのせる。

アレンジ 豚肉と野沢菜の明太おろしフジッリ

材料（2人分）

「豚肉と野沢菜の明太おろしパスタ」より
・スパゲッティ1束（100g）⟶ フジッリ100g
に変えて作る。

作り方

1. 上記レシピの1と同様に食材の下準備をする。
2. フジッリをゆでる。表示規定時間通りにゆでてザルにあげ、水けをきる。
3. 上記レシピの3〜4と同様に作る。

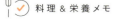 料理＆栄養メモ　豚肉とにんにくは、一緒に食べると疲労回復効果が期待できます。こってりしがちな食材の組み合わせですが、大根おろしや野沢菜漬けと合わせてさっぱり味に。

豚しゃぶと豆苗の
黒酢もずく冷製パスタ

1人あたり **351** kcal

材料（2人分）

- スパゲッティ --- 1束（100g）
- 豚ロース肉（しゃぶしゃぶ用） --- 120g
- 豆苗 --- 1/2パック（50g）
- オクラ --- 4本
- Ⓐ
  - 和風だし --- 200mℓ
  - 黒酢 --- 大さじ1
  - しょうゆ --- 小さじ2
- もずく酢（市販・黒酢） --- 2パック（150g）
- 糸とうがらし --- 少々

作り方

1. 鍋にたっぷりのお湯をわかし、豚肉を1枚ずつ入れてゆでる。氷水をはったボウルで冷やし、ザルにあげて水けをきる。
2. 豆苗は根元を切り、半分に切る。鍋にたっぷりのお湯をわかして塩少々（分量外）を入れ、オクラを1分ほどゆでる。ザルにあげてしっかりと水けをきり、1cm幅の輪切りにする。
3. Ⓐを混ぜ合わせて、冷蔵庫で冷やしておく。
4. スパゲッティをゆでる。表示規定時間通りにゆでてザルにあげ、氷水で冷やして水けをきる。
5. 皿に4を盛り、3で冷やしておいたⒶを回しかける。1、2、もずく酢を盛りつけ、糸とうがらしをのせる。

料理＆栄養メモ

もずく酢や和風だしをたっぷり使った、あっさりと食べられる和風スープパスタです。豆苗はビタミンKが豊富なので、骨の健康維持に役立つといわれています。

豚肉としめじの柚子からしパスタ

> 1人あたり **348** kcal

材料（2人分）

- スパゲッティ --- 1束(100g)
- 豚こま切れ肉 --- 120g
- しめじ --- 1パック(100g)
- みつば --- 1束(30g)
- にんにく --- 1片(6g)
- Ⓐ
  - しょうゆ --- 小さじ2
  - ゆずこしょう --- 小さじ1/2
  - ねりからし --- 小さじ1/2
- 塩、粗挽き黒こしょう --- 各少々
- ごま油 --- 大さじ1/2

作り方

1. しめじは石づきを切り、手で小房に分ける。みつばは3cm幅に切り、葉と茎に分ける。にんにくはみじん切りにする。
2. スパゲッティをゆで始める。表示規定時間より1分早くザルにあげ、水けをきる（ゆで汁は大さじ3とっておく）。
3. フライパンにごま油をひき、1のにんにくを弱火で炒める。にんにくの香りがたってきたら、1のしめじ、豚肉を入れて中火で炒める。
4. 豚肉の表面に火が通ったら、1のみつばの茎、2のスパゲッティとゆで汁大さじ3、Ⓐを入れて炒める。塩、粗挽き黒こしょうで味つけする。
5. 皿にパスタを盛り、1のみつばの葉をのせる。

 料理＆栄養メモ　からしは加熱すると辛みがマイルドになるので、ゆずこしょうのピリッとした辛さと合わせると味がまとまります。シンプルな豚肉としめじによく合う味つけです。

鶏そぼろと春菊の山椒パスタ

1人あたり **415** kcal

材料（2人分）

- スパゲッティ --- 1束（100g）
- 鶏ももひき肉 --- 120g
- 春菊 --- 2束（100g）
- れんこん --- 50g
- にんにく --- 1片（6g）
- しょうが --- 1片（6g）
- Ⓐ
  - 酒 --- 小さじ2
  - しょうゆ --- 小さじ2
  - みりん --- 小さじ2
- 鶏がらスープの素（顆粒） --- 小さじ1
- 山椒 --- 小さじ1/2
- ごま油 --- 大さじ1

作り方

1. 春菊は3cm幅に切る。れんこんは2mm幅の薄切りにする。にんにく、しょうがはそれぞれみじん切りにする。
2. スパゲッティをゆで始める。表示規定時間より1分早くザルにあげ、水けをきる（ゆで汁は大さじ3とっておく）。
3. フライパンにごま油をひき、1のにんにくとしょうがを弱火で炒める。にんにくの香りがたってきたら、鶏肉を入れてヘラなどでそぼろ状になるように中火で炒める。
4. 鶏肉に半分ほど火が通ったら、1のれんこん、Ⓐを入れて汁けがなくなるまで炒める。1の春菊、2のスパゲッティとゆで汁大さじ3を入れ、春菊がしんなりとするまで炒め、鶏がらスープの素、山椒を加えて味つけしながらさっと炒める。

料理 & 栄養メモ

うなぎの蒲焼きなど、甘辛い味にピリッとしたアクセントがほしいときに活躍する山椒。春菊など苦みのある野菜と組み合わせると、角が取れて食べやすくなります。

納豆つくねとまいたけの青のりパスタ

1人あたり
432 kcal

材料（2人分）

- スパゲッティ --- 1束（100g）
- Ⓐ 鶏ももひき肉 --- 100g
- Ⓐ 納豆（ひきわり）--- 1パック（50g）
- Ⓐ 薄力粉 --- 大さじ1と1/2
- まいたけ --- 1パック（100g）
- 小松菜 --- 1束（50g）
- Ⓑ 酒 --- 大さじ1
- Ⓑ しょうゆ --- 小さじ2
- Ⓑ みりん --- 小さじ2
- オイスターソース --- 大さじ1
- 青のり --- 小さじ1
- ごま油 --- 大さじ1/2

作り方

1. 納豆つくねを作る。ボウルにⒶを入れて、粘りけが出るまで混ぜる。一口大の丸型に成形する（納豆つくね約6個分）。
2. まいたけは石づきを切り、食べやすい大きさに手でほぐす。小松菜は3cm幅に切る。
3. スパゲッティをゆで始める。表示規定時間より1分早くザルにあげ、水けをきる（ゆで汁は大さじ3とっておく）。
4. フライパンにごま油をひき、1の両面を中火で焼く。焼き色がついたら2のまいたけ、Ⓑを入れてフタをし、蒸し焼きにする。
5. 2の小松菜、3のスパゲッティとゆで汁大さじ3を入れて炒め、オイスターソースを加えて味つけする。皿に盛り、青のりをふりかける。

料理＆栄養メモ

納豆は、粒が細かいひきわりタイプだと混ぜやすくておすすめです。まいたけにはβ-グルカンが豊富で、血圧やコレステロール値を下げる効果が期待できます。

鶏肉と
グリーンピースの
和風ペペロンチーノ

1人あたり
442 kcal

材料（2人分）

スパゲッティ --- 1束（100g）

鶏もも肉 --- 120g

グリーンピース（冷凍・むき身）--- 100g

にんにく --- 2片（12g）

赤とうがらし（輪切り・種なし）--- 2本分

かつお粉 --- 小さじ2

塩 --- 少々

オリーブオイル --- 大さじ2

作り方

1 鶏肉は皮を除き、1cm角に切る。グリーンピースは解凍する。にんにくはみじん切りにする。

2 スパゲッティをゆで始める。表示規定時間より1分早くザルにあげ、水けをきる（ゆで汁は大さじ3とっておく）。

3 フライパンにオリーブオイルをひき、1のにんにくを弱火で炒める。にんにくの香りがたってきたら、1の鶏肉、赤とうがらしを入れて中火で炒める。

4 鶏肉に火が通ったら2のゆで汁大さじ3を入れて、白っぽくなるまで温める。1のグリーンピース、2のスパゲッティを入れてさらに温める。

5 汁けがなくなったら、かつお粉、塩を加えて全体を和える。

 料理 & 栄養メモ　味つけに使う調味料の数を少なく抑えることで、かつお粉の風味がしっかりと出て、最後まで飽きずに食べられます。かつお粉はお好み焼きなどによく使う食材です。

照り焼きチキンと
アボカドの七味マヨパスタ

1人あたり
577
kcal

材料（2人分）

スパゲッティ --- 1束（100g）
鶏もも肉 --- 200g
アボカド --- 小1個（80g）
サニーレタス --- 葉1枚
Ⓐ ┃ 酒 --- 小さじ2
　 ┃ しょうゆ --- 小さじ2
　 ┃ 砂糖 --- 小さじ1
Ⓑ ┃ マヨネーズ --- 大さじ2
　 ┃ 七味とうがらし --- 小さじ1/2
塩、粗挽き黒こしょう --- 各少々

作り方

1. 鶏肉は表面にフォークで数カ所穴をあけて、Ⓐに30分以上漬け込む。210℃に余熱したオーブンで20〜25分焼き、2cm角に切る。
2. アボカドは5mm幅の薄切りにする。サニーレタスは食べやすい大きさに手でちぎる。
3. スパゲッティをゆでる。表示規定時間通りにゆでてザルにあげ、水けをきる。
4. ボウルに1、2、3、Ⓑ、塩と粗挽き黒こしょうを入れて和える。

> アレンジ

照り焼きチキンとアボカドの七味マヨサラダ

材料（2人分）

「照り焼きチキンとアボカドの七味マヨパスタ」より
・スパゲッティ1束（100g）→ クスクス10g
・サニーレタス葉1枚 → 葉4枚
に変えて作る。

作り方

1. 上記レシピの1と同様に照り焼きチキンを作る。上記レシピの2と同様に食材の下準備をする。
2. クスクスをゆでる。表示規定時間通りにゆでてザルにあげ、水けをきる。
3. 上記レシピの4と同様に作る。

🍴 ✓ 料理 & 栄養メモ　こってりしているように見えますが、マヨネーズは少なめなので見た目の印象よりもあっさり味。アボカドのオレイン酸には血液の健康を手助けする効果があります。

鶏むね肉とオクラのねぎ塩パスタ

1人あたり
415 kcal

材料（2人分）

- スパゲッティ --- 1束（100g）
- 鶏むね肉 --- 200g
- オクラ --- 6本
- ブロッコリースプラウト --- 1パック（20g）
- 塩、砂糖 --- 各少々

Ⓐ
- 長ねぎ --- 1/2本
- しょうが --- 1/2片（3g）
- ごま油 --- 大さじ1と1/2
- 鶏がらスープの素（顆粒） --- 小さじ1
- 塩 --- 小さじ1/4
- 粗挽き黒こしょう --- 少々

作り方

1. 鶏肉は表面にフォークで数カ所穴をあけて、塩と砂糖でもみ込み、チャック付き保存袋に入れて冷蔵庫で30分以上漬け込む。大きめの鍋に鶏肉が浸るほどの熱湯を沸かす。袋から取り出した鶏肉を入れて火をとめ、フタをして30〜40分温める。ザルにあげて水けをきり、そぎ切りにする。
2. オクラはたっぷりのお湯で1分ほどゆでて、ザルにあげて水けを切り、5mm幅の斜め切りにする。ブロッコリースプラウトは軸を切る。
3. Ⓐの長ねぎは極みじん切りにする。しょうがはすりおろす。
4. スパゲッティをゆでる。表示規定時間通りにゆでてザルにあげ、水けをきる。
5. ボウルに1、2のオクラ、4、Ⓐを入れてよく和える。皿に盛り、2のブロッコリースプラウトを散らす。

✓ 料理 & 栄養メモ

鶏むね肉は、肉のなかでも特に高たんぱく、低脂肪です。身体作りに大切な栄養素が含まれていて、脂質も低いので、ダイエットの強い味方です。

砂肝とアスパラの
わさび麹マヨパスタ

1人あたり
375 kcal

材料（2人分）

スパゲッティ --- 1束 (100g)
砂肝 --- 120g
アスパラガス（グリーン）--- 2本
わさび菜 --- 1束 (80g)
にんにく --- 1片 (6g)
A ┃ 塩麹 --- 大さじ1と1/2
　┃ マヨネーズ --- 大さじ1
　┃ ねりわさび --- 小さじ2
オリーブオイル --- 小さじ2

作り方

1. 砂肝はつながっている部分を切り、銀皮をそぎ落として5mmほど切れ目を入れ、半分に切る。アスパラガスは根元を切り落とし、下から1/3部分の皮をピーラーでむき4等分の斜め切りにする。わさび菜は葉と茎を分け、3cm幅に切る。にんにくはみじん切りにする。

2. スパゲッティをゆで始める。表示規定時間より1分早くザルにあげ、水けをきる（ゆで汁は大さじ3とっておく）。

3. フライパンにオリーブオイルをひき、1のにんにくを弱火で炒める。にんにくの香りがたってきたら、砂肝、アスパラガス、わさび菜の茎を入れて中火で炒める。

4. 砂肝に火が通ったら、2のスパゲッティとゆで汁大さじ3を入れて、具材とからめながら炒める。1のわさび菜の葉、Ⓐを入れて味つけする。

料理＆栄養メモ　わさび菜の葉は加熱しすぎるとすぐにしんなりとしてしまうので、葉と茎に分けて炒めるタイミングを変えると、葉のシャキシャキした食感を楽しめます。

牛肉と焼きねぎの すき焼きパスタ

1人あたり 457 kcal

材料（2人分）

スパゲッティ --- 1束（100g）
牛肉（切り落とし）--- 120g
長ねぎ --- 1本
しいたけ --- 2個
Ⓐ｜昆布茶（顆粒）--- 大さじ1
　｜オイスターソース --- 小さじ2
　｜砂糖 --- 小さじ1
バター --- 10g
卵黄 --- 2個分

作り方

1 長ねぎの青い部分は小口切りにし、白い部分は4cm幅に切る。しいたけのかさは3mm幅の薄切りにし、軸はみじん切りにする。

2 スパゲッティをゆで始める。表示規定時間より1分早くザルにあげ、水けをきる（ゆで汁は大さじ3とっておく）。

3 フライパンにバター5gを溶かし、1の長ねぎを入れて白い部分の両面に焼き色がつくまで炒める。1のしいたけのかさと軸、牛肉を入れて中火で炒める。

4 牛肉に火が通ったら、2のスパゲッティとゆで汁大さじ3、Ⓐ、残りのバターを入れて炒める。皿に盛り、卵黄を添える。

 料理＆栄養メモ　昆布茶で和風味に仕上げ、オイスターソースでコクを出したすき焼き風パスタです。しょうゆやみりんがなくても、すき焼きの味わいをしっかりと感じられます。

スパムとゴーヤの
チャンプルーパスタ

1人あたり
498 kcal

材料（2人分）

- スパゲッティ --- 1束 (100g)
- スパム缶 --- 1/2缶 (約150g)
- ゴーヤ --- 1/2本 (100g)
- らっきょうの甘酢漬け（市販）
  --- 10粒
- 卵 --- 2個
- マヨネーズ --- 大さじ2
- A
  - 酒 --- 小さじ2
  - しょうゆ --- 小さじ1
  - 豆板醤 --- 小さじ1/4
- かつお節 --- 1パック (2g)

作り方

1. スパムは1cm幅に切る。ゴーヤは縦半分に切り、種とワタをスプーンで取り除き、3mm幅に切る。らっきょうは縦半分に切る。卵は溶いておく。

2. スパゲッティをゆで始める。表示規定時間より1分早くザルにあげ、水けをきる（ゆで汁は大さじ3とっておく）。

3. フライパンにマヨネーズ大さじ1を入れて、1の卵を流し入れる。ヘラなどで大きくかき混ぜながら、そぼろ状になるように中火で炒めて取り出す。

4. 3のフライパンの汚れをペーパータオルでふき取り、残りのマヨネーズ、残りの1を入れて中火で炒める。スパムの表面に焼き色がついたら、2のスパゲッティとゆで汁大さじ3、Aを入れて炒め、火をとめる。

5. 3を戻し入れてさっと炒め、かつお節をまぶす。

料理 & 栄養メモ 沖縄県名産の島らっきょうをヒントに、市販のらっきょうで食感と味にアクセントを出しています。仕上げにかつお節をたっぷりとまぶし、旨みを麺にからませて。

ソーセージとなめこの昆布茶バターパスタ

1人あたり
370
kcal

材料（2人分）

スパゲッティ --- 1束（100g）
ソーセージ --- 4本
なめこ --- 1パック（100g）
セロリ --- 1/2本（50g）
昆布茶（顆粒）--- 大さじ1
糸とうがらし --- 少々
バター --- 10g

作り方

1. ソーセージは縦半分に切り、斜め切りにする。なめこはザルに入れてさっと水で洗い、水けをきる。セロリは2mm幅の小口切りにする。
2. スパゲッティをゆで始める。表示規定時間より1分早くザルにあげ、水けをきる（ゆで汁は大さじ3とっておく）。
3. フライパンにバターを溶かし、1のソーセージとセロリを中火で炒める。ソーセージの表面に焼き色がついたら、1のなめこ、2のスパゲッティとゆで汁大さじ3を入れて炒め、昆布茶を加えて味つけする。
4. 皿にパスタを盛り、食べる直前に糸とうがらしをのせる。

 料理＆栄養メモ　少量でもコクが出る昆布茶を味つけに使用して、旨みを強く引き立たせています。なめこのぬめり成分には、身体の粘膜を保護する効果が期待できます。

ツナと枝豆の塩昆布クリームパスタ

1人あたり
337 kcal

材料（2人分）

スパゲッティ --- 1束（100g）
ツナ缶（水煮）--- 1缶（70g）
枝豆（ゆで済み・むき身）--- 50g
かいわれ大根 --- 1パック
クリームチーズ --- 30g
塩昆布 --- 5g
めんつゆ（3倍濃縮）--- 大さじ1

作り方

1 ツナはしっかりと水けをきる。かいわれ大根は根元を切る。クリームチーズは1cm角に切る。

2 スパゲッティをゆでる。表示規定時間通りにゆでてザルにあげ、水けをきる。

3 ボウルに1、2、枝豆、塩昆布、めんつゆを入れて和える。

アレンジ ツナと枝豆の塩昆布クリームカッペリーニ

材料（2人分）

「ツナと枝豆の塩昆布クリームパスタ」より
・スパゲッティ1束（100g）⟶ カッペリーニ1束（100g）
・クリームチーズ30g ⟶ カマンベールチーズ40g
に変えて
・粗挽き黒こしょう --- 少々
を加えて作る。

作り方

1 上記レシピの1と同様に食材を切る。カマンベールチーズは食べやすい大きさに手でちぎる。

2 カッペリーニをゆでる。表示規定時間通りにゆでてザルにあげ、氷水に当てて水けをきる。

3 上記レシピの3と同様に作る。皿に盛り、粗挽き黒こしょうをふりかける。

料理＆栄養メモ　あっさりしたツナや枝豆と濃厚なクリームチーズがよく合います。枝豆のレシチンには、神経伝達物質の合成を助ける働きがあるので集中力アップが期待できます。

3種きのこの
とろろ豆乳カルボナーラ

1人あたり 407 kcal

材料（2人分）

- スパゲッティ --- 1束（100g）
- Ⓐ
  - しいたけ --- 2個
  - まいたけ --- 1パック（100g）
  - しめじ --- 1/2パック（50g）
- 長芋（山芋でも可）--- 80g
- 小ねぎ --- 2本
- Ⓑ
  - 豆乳（無調整）--- 100㎖
  - にんにく --- 1/2片（3g）
  - みそ --- 大さじ1と1/2
  - パルメザンチーズ（粉末）--- 大さじ2
- 溶き卵 --- 1個分
- オリーブオイル --- 大さじ1/2

作り方

1. Ⓐはそれぞれ石づきを切る。しいたけは2㎜幅の薄切りにする。まいたけとしめじは食べやすい大きさに手でほぐす。長芋はすりおろす。小ねぎは小口切りにする。
2. Ⓑのにんにくはすりおろす。
3. スパゲッティをゆで始める。表示規定時間より2分早くザルにあげ、水けをきる。
4. フライパンにオリーブオイルをひき、1のしいたけ、まいたけ、しめじを中火で炒める。しんなりとしてきたら、Ⓑを入れて温める。水面がふつふつとしてきたら、3を入れて2分ほど温める。
5. ボウルに1の長芋、溶き卵を入れて混ぜ、4を加えてよく混ぜる。皿に盛り、1の小ねぎを散らす。

料理 & 栄養メモ

とろろのねばねばが楽しめる、新感覚のカルボナーラです。お手軽に作りたいときは、冷凍のすりおろしのとろろで代用してもおいしく仕上がります。

ほうれん草とベーコンの
おかかパスタ

1人あたり
432
kcal

材料（2人分）

スパゲッティ --- 1束 (100g)
ベーコン（ブロック）--- 80g
ほうれん草 --- 2束 (100g)
かぶ --- 2個
しょうが --- 1片 (6g)
しょうゆ --- 大さじ1
かつお節 --- 2パック (4g)
ラー油 --- 小さじ1/2
ごま油 --- 小さじ2

作り方

1 ベーコンは1cm角に切る。ほうれん草は3cm幅に切る。かぶは縦半分に切り、2mm幅の薄切りにする（かぶの葉があれば小口切りにする）。しょうがはみじん切りにする。

2 スパゲッティをゆで始める。表示規定時間より1分早くザルにあげ、水けをきる（ゆで汁は大さじ3とっておく）。

3 フライパンにごま油をひき、1のしょうがを弱火で炒める。しょうがの香りがたってきたらベーコンとかぶを入れて、ベーコンに焼き色がつくまで中火で炒める。

4 3に1のほうれん草、2のスパゲッティとゆで汁大さじ3を入れて炒める（かぶの葉を使う場合は入れる）。ほうれん草がしんなりとしたら、しょうゆを加えて味つけする。

5 火をとめてかつお節を加えて和え、ラー油をふりかける。

料理 & 栄養メモ かぶは、表面に焼き色がつくまでしっかり焼くと、甘みが際立ってよりおいしくなります。かぶの葉も食感のアクセントになるので、あればぜひ使ってくださいね。

097

揚げなすと大葉の梅麹冷製パスタ

1人あたり
446 kcal

材料（2人分）

スパゲッティ --- 1束 (100g)
なす --- 2本
Ⓐ
- 大葉 --- 6枚
- しょうが --- 1片 (6g)
- いりごま（白）--- 小さじ1
- オイスターソース --- 大さじ1
- ごま油 --- 大さじ1

Ⓑ
- 梅干し（はちみつ漬け・市販）--- 1〜2個
- 塩麹 --- 小さじ2

作り方

1 なすは1cm幅の輪切りにする。Ⓐの大葉はみじん切りにし、しょうがはすりおろす。Ⓑの梅干しは種を取り除き、包丁で身をたたく。

2 ボウルにⒶを合わせておく。

3 深めのフライパンに高さ3cmほどサラダ油（分量外）を入れて、170℃に温める。1のなすを2分ほど揚げて、余計な油をきる。温かいうちに2のボウルに入れて和え、粗熱がとれたら冷蔵庫で1〜2時間冷やす。

4 スパゲッティをゆでる。表示規定時間通りにゆでてザルにあげ、氷水で冷やして水けをきる。

5 3のボウルに4、Ⓑを入れて和える（お好みで、皿に盛り、大葉の千切りを散らしてもおいしい）。

POINT

素揚げしたなすの油は しっかりきる

揚げたなすは、油をしっかりときることでⒶの調味液の染み込みがよくなります。余計な油をきることで、パスタのさっぱりとした味つけを活かすことができます。

料理＆栄養メモ　大葉と梅干しでさっぱりとした風味に仕上げた、夏におすすめの冷製パスタ。素揚げして、くたっとやわらかくなったなすの食感とごま油の香りがおいしいです。

納豆と水菜のしそパスタ

1人あたり **348** kcal

材料（2人分）

スパゲッティ --- 1束（100g）
納豆 --- 2パック（100g）
水菜 --- 2束（100g）

A
- 赤じそ（乾燥・市販）
    --- 小さじ1と1/2
- ぽん酢 --- 大さじ1
- バター --- 10g

作り方

1. 納豆は混ぜる。水菜は3cm幅に切る。
2. スパゲッティをゆでる。表示規定時間通りにゆでてザルにあげ、水けをきる。
3. ボウルに1、2、Ⓐを入れて、バターが溶けるまで和える。

 料理&栄養メモ　しそが麺にからんでおいしい、シンプルな味つけです。納豆には肌や粘膜の健康維持に効果的なビタミンB2が含まれており、美肌づくりのサポートをしてくれます。

なめたけとたらこのトマトパスタ

1人あたり **340** kcal

材料（2人分）

スパゲッティ --- 1束（100g）
なめたけ（市販）--- 60g
たらこ --- 2腹（100g）
ミニトマト --- 8個
マヨネーズ --- 大さじ2
レモン汁 --- 小さじ1

作り方

1. たらこは皮から身をほぐす。ミニトマトは縦4等分に切る。
2. スパゲッティをゆでる。表示規定時間通りにゆでてザルにあげ、水けをきる。
3. ボウルに1、2、なめたけを入れて和える。マヨネーズ、レモン汁を加えてさらに和える。

料理 & 栄養メモ ミニトマトたっぷりでパスタサラダ感覚で食べられるので、お好きな葉野菜をプラスする食べ方もおすすめです。たらこを明太子に変えて作ってもおいしいです。

焼きとうもろこしとキャベツの
しょうゆバターパスタ

1人あたり
418 kcal

材料（2人分）

- スパゲッティ --- 1束（100g）
- とうもろこし --- 1本
- キャベツ --- 葉4枚（200g）
- しょうゆ --- 大さじ1
- レモン汁 --- 小さじ1
- 粗挽き黒こしょう --- 少々
- パルメザンチーズ（固形）
  　--- お好みの量
- バター --- 15g

作り方

1. とうもろこしは芯から実を包丁で削ぎ落とす。キャベツは大きめの一口大に切る。
2. スパゲッティをゆで始める。表示規定時間より1分早くザルにあげ、水けをきる（ゆで汁は大さじ3とっておく）。
3. フライパンにバターを溶かし、1を入れて中火で炒める。とうもろこしの表面に焼き色がついたら、2のスパゲッティとゆで汁大さじ3を入れて炒める。しょうゆ、レモン汁を加えて味つけする。
4. 皿にパスタを盛り、粗挽き黒こしょうをふりかける。スライサーなどで削ったパルメザンチーズを散らす。

POINT!

コーン缶で代用してもOK

夏が旬のとうもろこしが手に入らない場合は、コーン缶（水煮）で作ってもおいしく仕上がります。コーン缶のコーンで代用する場合も、焼き目をしっかりつけてください。

料理＆栄養メモ とうもろこしをしっかりと焼き、香ばしさも味わいのひとつに。しょうゆバターでこってりしがちな味も、レモン汁でさっぱりさせると最後まで食べ進められます。

焼きちくわときゅうりの佃煮パスタ

1人あたり **325** kcal

材料（2人分）

スパゲッティ --- 1束（100g）
焼きちくわ --- 3本
きゅうり --- 1本
ししとう --- 2本
マヨネーズ --- 大さじ1
のりの佃煮（市販）--- 大さじ2

作り方

1. 焼きちくわは5mm幅の斜め切りにする。きゅうりは縦半分に切り、1cm幅の斜め切りにする。ししとうは3mm幅の小口切りにする。

2. スパゲッティをゆで始める。表示規定時間より1分早くザルにあげ、水けをきる（ゆで汁は大さじ3とっておく）。

3. フライパンにマヨネーズを入れて、1の焼きちくわときゅうりを入れて中火で炒める。きゅうりがしんなりとしたら、2のスパゲッティとゆで汁大さじ3を入れて炒め、のりの佃煮を加えて味つけする。

4. 皿にパスタを盛り、1のししとうを散らす。

料理＆栄養メモ　きゅうりを縦に切ってから斜め切りにすると、炒めても水分が出にくく、食感もよく仕上がります。ししとうは小口切りにすると、麺とからんで食べやすいです。

厚揚げ豆腐とたけのこの生姜みぞれパスタ

1人あたり **436** kcal

材料（2人分）

- スパゲッティ --- 1束(100g)
- 厚揚げ豆腐 --- 1枚(150g)
- たけのこ（水煮）--- 100g
- スナップえんどう（ゆで済み）--- 6本
- 大根 --- 80g
- しょうが --- 1片(6g)
- しょうゆ --- 大さじ1と1/2
- みりん --- 小さじ2
- バター --- 10g

作り方

1. 厚揚げ豆腐は半分に切り、1cm幅に切る。たけのこは1cm幅の半月切りにする。大根はすりおろし、しっかりと水けをきる。しょうがはすりおろし、ボウルで大根おろしと合わせる（しょうが大根おろし）。

2. スパゲッティをゆで始める。表示規定時間より1分早くザルにあげ、水けをきる（ゆで汁は大さじ3とっておく）。

3. フライパンにバターを溶かし、1の厚揚げ豆腐とたけのこを入れて両面に焼き色がつくまで中火で焼く。2のスパゲッティとゆで汁大さじ3を入れて炒め、しょうゆ、みりんを加えて味つけする。

4. 皿にパスタを盛り、1のしょうが大根おろしをのせて、スナップえんどうを添える。

 料理＆栄養メモ　厚揚げ豆腐とたけのこに香ばしく焼き色をつけることで、さらに風味が増します。厚揚げのふわふわした食感とたけのこのシャキシャキ感がクセになります。

column 3

具材やパスタとからめるだけの

8つの本格パスタソース

トマト系やクリーム系、和風テイストや甘辛ソースなど
身近な食材で作れる本格的なパスタソースをご紹介します。

Pasta sauce 1.

トマトソース　冷蔵で約1週間保存可

材料（できあがり量約500g）

- トマト缶（ホール）‥1缶（400㎖）
- トマト‥‥‥‥‥‥2個（400g）
- 玉ねぎ‥‥‥‥‥‥1個（200g）
- にんにく‥‥‥‥‥2片（12g）
- Ⓐ
  - ワイン（白）‥‥‥‥50㎖
  - ナンプラー‥‥‥‥大さじ1
  - 砂糖‥‥‥‥‥‥小さじ2
  - 塩‥‥‥‥‥‥小さじ1/2
- オリーブオイル‥‥‥大さじ3

作り方

1. トマト缶のトマトはヘラなどでつぶす。トマトは2㎝角に切る。玉ねぎは極みじん切りにする。にんにくはみじん切りにする。

2. 深めの鍋にオリーブオイルをひき、1のにんにくを弱火で炒める。にんにくの香りがたってきたら、玉ねぎを入れて薄茶色になるまで中火で炒める。

3. 2に残りの1を入れて、弱火で煮込む。水面がふつふつとしてきたらⒶを加え、ヘラなどでトマトをつぶしながら、とろみがつくまで中火で30分煮込む。

Pasta sauce 2.

クリームソース

冷蔵で1〜2日間保存可

材料（できあがり量約300g）

牛乳 -------------- 500㎖
薄力粉 ------------- 30g
バター ------------- 30g
白こしょう ---------- 少々

作り方

1 ボウルに冷たい状態の牛乳、薄力粉を入れる。ダマができないように気をつけながら、薄力粉が溶けるまでヘラなどで泡立てないように混ぜる。
2 鍋にバターを溶かし、1をゆっくりと流し入れ、底をヘラなどで混ぜながら中火で温める。とろみがついてきたら白こしょうをふり、火をとめる。

Pasta sauce 3.

ガーリックオニオンソース

冷蔵で約1週間保存可

材料（できあがり量約250g）

にんにく --- 6片（36g）
玉ねぎ --- 1個（200g）
赤とうがらし ---- 1本
Ⓐ 酒 ------ 大さじ3
　 しょうゆ -- 大さじ2
　 みりん --- 大さじ1
　 はちみつ -- 大さじ1
　 塩 ----- 小さじ1/2
オリーブオイル -- 50㎖

作り方

1 にんにくはみじん切りにする。玉ねぎはすりおろす。赤とうがらしは種を取り除く。
2 鍋にオリーブオイルを半量入れて、1のにんにくを弱火で炒める。にんにくの香りがたってきたら、1の玉ねぎ、Ⓐを入れて15分ほど弱火で煮込み、粗熱をとる。
3 2に残りのオリーブオイルを加えて和え、1の赤とうがらしを入れる。

107

Pasta sauce 4.

バジルジェノバソース

冷蔵で3〜4日間保存可

材料（できあがり量約110g）

バジル ------ 葉15枚
にんにく --- 2片（12g）
アンチョビ ----- 2枚
松の実 -------- 10g
バター -------- 10g
パルメザンチーズ
　（粉末）------- 10g
塩 ------ 小さじ1/4
オリーブオイル 80㎖

作り方

1　フードプロセッサーにすべての材料を入れて、撹拌する。

大葉ジェノバ
バジル15枚→大葉20枚に変えて同様に作る。
※約120g

パクチージェノバ
バジル15枚→パクチー30gに変えて同様に作る。　※約140g

Pasta sauce 5.

明太ソイソース

冷蔵で1〜2日間保存可

材料（できあがり量約240g）

明太子 --------- 2腹（80g）
絹ごし豆腐 ----- 1/2丁（150g）
マヨネーズ -------- 大さじ4
しょうゆ --------- 小さじ1

作り方

1　明太子は身をほぐす。

2　絹ごし豆腐はペーパータオルで包み、平皿などを30分ほどのせて水きりする。ボウルに入れて、スプーンなどでなめらかになるまで混ぜる。

3　2のボウルに1、残りの材料を入れて混ぜ合わせる。

Pasta sauce 6.

甘辛薬味ソース　冷蔵で3〜4週間保存可

材料（できあがり量約300g）

長ねぎ ……………… 1本
しょうが …………… 50g
にんにく …………… 25g

Ⓐ しょうゆ ……… 50㎖
　 米酢 …………… 50㎖
　 ごま油 ………… 30㎖
　 コチュジャン … 大さじ4

作り方

1. 長ねぎは極みじん切りにする。しょうが、にんにくはそれぞれすりおろす。
2. ボウルに 1、Ⓐを入れて和える。

Pasta sauce 7.

ツナごまソース

冷蔵で4〜5日間保存可

材料（できあがり量約230g）

ツナ缶（オイル漬け）
　……………… 1缶（70g）
にんじん …… 1/3本（50g）
にんにく …… 1片（6g）
ヨーグルト（無糖）… 大さじ4
マヨネーズ ……… 大さじ3
ねりごま（白）…… 大さじ3
しょうゆ ………… 小さじ1
塩、粗挽き黒こしょう
　………………… 各少々

作り方

1. ミキサーにすべての材料を入れて、なめらかになるまで撹拌する。

Pasta sauce 8.

チーズソース

冷蔵で4〜5日間保存可

材料（できあがり量約200g）

クリームチーズ …………… 100g
ヨーグルト（無糖）………… 100g
塩、粗挽き黒こしょう
　……………………… 各小さじ1/4

作り方

1. クリームチーズは常温に戻す。
2. ボウルに 1、残りの材料を入れて混ぜ合わせる。

column 4

今すぐ食べたいときにあると便利な
5つの冷凍パスタキット

「冷凍パスタキット」とは？

冷凍パスタキットとは、下準備した具材をチャック付き保存袋に入れて冷凍保存し、食べたいときにフライパンで温め直してパスタと炒めるだけの便利なキットです。保存期間は、冷凍で約2週間が目安です。仕事から疲れて帰った日に、帰宅が遅くなったときの家族ごはんに……具だくさんで温かく食べられるから重宝します。

STEP 1 パスタキットを準備する

具材の下準備をする

パスタキットを作るために必要な食材をそろえます。キットごとに、切る、刻む、たれの調味料を混ぜ合わせるなどの下準備をしましょう。

チャック付き保存袋に入れる

キットごとの手順に合わせて、下準備した具材をチャック付き保存袋に入れます。具材やたれを袋全体に平らに広げます。

冷凍で保存する

チャック付き保存袋の空気をしっかりと抜き、冷凍庫で保存します。空気を抜くことで具材の酸化を防ぎ、おいしさをキープできます。

STEP 2 パスタキットを調理する

**キットを半解凍して
パスタをゆで始める**

大きめのボウルにたっぷりの水を用意し、キットを10〜20分ほど浸して半解凍します。キットを浸している間に、パスタをゆで始めます。

**蒸し焼きにして
具材をほぐす**

フライパンにキットの中身を広げ、フタをして弱中火で3〜4分蒸し焼きにします。様子をみながら途中でフタをあけて具材をほぐします。

ゆでたパスタと炒める

ゆでておいたパスタを入れてからめながら炒めます。ゆで汁も入れる場合は、水けを飛ばしながら炒めるとおいしく仕上がります。

Pasta kit 1.

豚肉のねぎ塩麹パスタキット

キット

冷凍で2週間保存可

完成

材料（2人分）

- スパゲッティ ----- 1束(100g)
- 豚バラ肉（薄切り）------ 150g
- 長ねぎ ------------ 1/2本
- Ⓐ
  - 塩麹 ---------- 大さじ1
  - ごま油 -------- 小さじ2
  - 砂糖 ---------- 小さじ1
  - 粗挽き黒こしょう
    - ---------- 小さじ1/2

作り方

STEP1 パスタキットを準備する

1 豚肉は5cm幅に切る。長ねぎはみじん切りにする。

2 Ⓐを混ぜてチャック付き保存袋に入れ、1を入れてもみ込む。

3 袋のくちを閉じ、具材が袋全体に均一になるように平らに広げる。袋の空気を抜き、冷凍する。

STEP2 パスタキットを調理する

4 スパゲッティをゆで始める。表示規定時間より1分早くザルにあげ、水けをきる（ゆで汁はお玉半量分とっておく）。

5 キットを半解凍してフライパンに広げる。フタをして弱中火で3〜4分蒸し焼きにする（途中で具材をほぐす）。

6 5に4のスパゲッティとゆで汁を入れて、水けを飛ばしながら炒める。

Pasta kit 2.
ツナとめかぶの和風パスタキット

キット

冷凍で2週間保存可

完成

材料（2人分）

スパゲッティ ----- 1束（100g）
ツナ缶（水煮）------ 1缶（70g）
しめじ ------ 1パック（100g）
めかぶ ------ 1パック（50g）
梅干し（はちみつ漬け・市販）
　　----------------- 1〜2個
Ⓐ ｜ 水 -------------- 100ml
　｜ めんつゆ（3倍濃縮）
　｜　-------------- 大さじ3
　｜ いりごま（白）---- 大さじ1

作り方

STEP1 パスタキットを準備する

1　ツナは水けをしっかりときる。しめじは石づきを切り、手で小房に分ける。めかぶは包丁で粗めにたたく。梅干しは種を取って包丁でたたく。

2　Ⓐを混ぜてチャック付き保存袋に入れ、1を入れてもみ込む。

3　袋のくちを閉じ、具材が袋全体に均一になるように平らに広げる。袋の空気を抜き、冷凍する。

STEP2 パスタキットを調理する

4　スパゲッティをゆで始める。表示規定時間より2分早くザルにあげ、水けをきる。

5　キットを半解凍してフライパンに広げる。フタをして弱中火で3〜4分蒸し焼きにする（途中で具材をほぐす）。

6　5に4のスパゲッティを入れて、水けを飛ばしながら2分ほど炒める。

Pasta kit 3.

ビーフオニオントマトパスタキット

キット

冷凍で2週間保存可

完成

材料（2人分）

- スパゲッティ ····· 1束（100g）
- 牛こま切れ肉 ········ 130g
- 玉ねぎ ······· 1/2個（100g）
- ミニトマト ·········· 10個
- Ⓐ
  - にんにく ······· 1片（6g）
  - ケチャップ ······ 大さじ4
  - オイスターソース ·· 大さじ1
  - しょうゆ ······· 小さじ2
  - 酒 ············ 小さじ2
- バター ··············· 10g

作り方

STEP1 パスタキットを準備する

1 玉ねぎは2mm幅の薄切りにする。フライパンにバターを溶かし、玉ねぎがあめ色になるまで炒めて、しっかりと冷ます。Ⓐのにんにくはすりおろす。

2 Ⓐを混ぜてチャック付き保存袋に入れ、1の玉ねぎ、牛肉を入れてもみ込む。袋の上部にミニトマトを入れる。

3 袋のくちを閉じ、具材が袋全体に均一になるように平らに広げる。袋の空気を抜き、冷凍する。

STEP2 パスタキットを調理する

4 スパゲッティをゆで始める。表示規定時間より1分早くザルにあげ、水けをきる。

5 キットを半解凍してフライパンに広げる。フタをして弱中火で3～4分蒸し焼きにする（途中で具材をほぐす）。

6 5に4のスパゲッティを入れて、水けを飛ばしながら炒める。

Pasta kit 4.
ベーコンとブロッコリーのパスタキット

キット

冷凍で2週間保存可

完成

材料（2人分）

- スパゲッティ -----1束(100g)
- ベーコン（薄切り）--------80g
- ブロッコリー（冷凍）----100g
- ミックスベジタブル（冷凍）
  ----------------100g
- Ⓐ
  - アンチョビ--------2枚
  - マヨネーズ------大さじ2
  - 粒マスタード----大さじ1
  - オリーブオイル--小さじ2
  - 洋風スープの素（顆粒）
    ------------小さじ1

作り方

STEP1 パスタキットを準備する

1 ベーコンは5㎝幅に切る。Ⓐのアンチョビは細かく刻む。

2 Ⓐを混ぜてチャック付き保存袋に入れ、1のベーコン、ブロッコリー、ミックスベジタブルを入れてもみ込む。

3 袋のくちを閉じ、具材が袋全体に均一になるように平らに広げる。袋の空気を抜き、冷凍する。

STEP2 パスタキットを調理する

4 スパゲッティをゆで始める。表示規定時間より1分早くザルにあげ、水けをきる。

5 キットを半解凍してフライパンに広げる。フタをして弱中火で3〜4分蒸し焼きにする（途中で具材をほぐす）。

6 5に4のスパゲッティを入れて、水けを飛ばしながら炒める。

Pasta kit 5.
ガパオ風パスタキット

キット
冷凍で2週間保存可

完成

材料（2人分）

- スパゲッティ ----- 1束（100g）
- 鶏ももひき肉 -------- 130g
- パプリカ（赤）-------- 1/4個
- バジル（乾燥）------- 小さじ1
- Ⓐ にんにく ------- 1片（6g）
- Ⓐ ナンプラー ------- 大さじ1
- Ⓐ オイスターソース -- 小さじ2
- Ⓐ 酒 ----------- 小さじ2
- Ⓐ 豆板醤 ------- 小さじ1/2

作り方

STEP1 パスタキットを準備する

1 パプリカは1㎝角に切る。Ⓐのにんにくはすりおろす。

2 Ⓐを混ぜてチャック付き保存袋に入れ、1のパプリカ、鶏肉、バジルを入れてもみ込む。

3 袋のくちを閉じ、具材が袋全体に均一になるように平らに広げる。袋の空気を抜き、冷凍する。

STEP2 パスタキットを調理する

4 スパゲッティをゆで始める。表示規定時間より1分早くザルにあげ、水けをきる（ゆで汁はお玉半量分とっておく）。

5 キットを半解凍してフライパンに広げる。フタをして弱中火で3〜4分蒸し焼きにする（途中で具材をほぐす）。

6 5に4のスパゲッティとゆで汁を入れて、水けを飛ばしながら炒める。

3章

エスニック
パスタ

いつもの食卓がアジアの香りで満たされる、
本場の風味を味わえるパスタです。
エスニックの調味料やスパイスを使って
本格的だけど作りやすい味に仕上げました。

鶏肉とズッキーニの
ゆずココナッツパスタ

1人あたり
435 kcal

材料（2人分）

スパゲッティ --- 1束（100g）
鶏もも肉 --- 120g
ズッキーニ --- 1本（100g）
オクラ --- 4本
バジル --- 葉6枚
塩、粗挽き黒こしょう --- 各少々
A｜ ココナッツミルク --- 100ml
　｜ ゆずこしょう --- 小さじ1
　｜ ナンプラー --- 小さじ1
　｜ 砂糖 --- 小さじ1/2
オリーブオイル --- 大さじ1/2

作り方

1. 鶏肉は一口大に切り、塩と粗挽き黒こしょうをもみ込む。ズッキーニは1cm幅の輪切りにする。オクラはヘタを切り落とし、縦半分に切る。

2. スパゲッティをゆで始める。表示規定時間より1分早くザルにあげ、水けをきる。

3. フライパンにオリーブオイルをひき、1の鶏肉を皮面を下にして並べ、ズッキーニを入れて中火で焼く。鶏肉の両面に焼き色がついたら、1のオクラ、2、Ⓐを入れて1分ほど炒める。バジルを手でちぎって入れ、さっと煮込む。

POINT!

**しっかりと焼き色をつけて
食材の香ばしさをプラス**

鶏肉とズッキーニに焼き色がつくまで焼くことで、ココナッツのまろやかな味わいのなかに香ばしさを感じる一品に。鶏肉は皮面から焼くと、カリッと仕上がっておいしいです。

料理 & 栄養メモ

甘みのあるココナッツミルクと、ピリッと辛いゆずこしょうを組み合わせて甘辛い味つけに仕上げました。こんがりと焼いた鶏肉や野菜の香ばしさがたまりません。

ささみとにんじんの
ピーナッツバターパスタ

1人あたり
506 kcal

材料（2人分）

スパゲッティ --- 1束(100g)
鶏ささみ --- 3本(150g)
にんじん --- 1/2本(75g)
もやし --- 1/2パック(100g)
小ねぎ --- 1本
にんにく --- 1片(6g)
Ⓐ
├ ピーナッツバター --- 大さじ2
├ ケチャップ --- 大さじ1
├ 米酢 --- 大さじ1
├ すりごま（白）--- 小さじ2
├ みそ --- 小さじ2
└ オイスターソース --- 小さじ2
粗挽き黒こしょう --- 少々
オリーブオイル --- 大さじ1/2

作り方

1. ささみはフォークで表面に数カ所穴をあけ、耐熱皿に並べる。酒大さじ1（分量外）をふりかけてラップをふんわりとかけ、600Wの電子レンジで2〜3分加熱する。粗熱がとれたら、手で裂く。

2. にんじんは5㎜幅の千切りにする。小ねぎは2㎝幅の斜め切りにする。にんにくはみじん切りにする。

3. スパゲッティをゆで始める。表示規定時間より1分早くザルにあげ、水けをきる（ゆで汁は大さじ3とっておく）。

4. フライパンにオリーブオイルをひき、2のにんにくを弱火で炒める。にんにくの香りがたってきたら、2のにんじん、もやしを入れて中火で炒める。にんじんの表面に焼き色がついたら、3のスパゲッティとゆで汁大さじ3を入れて炒める。

5. 1、Ⓐを入れて全体をからめるように炒める。皿に盛り、食べる直前に2の小ねぎをのせ、粗挽き黒こしょうをふりかける。

料理 & 栄養メモ　ささみは、手で裂くことでふんわりとやわらかな食感に仕上がります。ピーナッツの甘みと風味、歯ごたえのあるにんじんや小ねぎと一緒に味わって。

121

スモークサーモンとマンゴーの冷製スイートチリパスタ

1人あたり
329
kcal

材料 (2人分)

スパゲッティ - - - 1束 (100g)
スモークサーモン - - - 7枚
マンゴー (冷凍でも可) - - - 1個 (130g)
Ⓐ ┃ スイートチリソース
　　　 - - - 大さじ1と1/2
　 ┃ レモン汁 - - - 小さじ2
　 ┃ ナンプラー - - - 小さじ2
　 ┃ はちみつ - - - 小さじ1
ディル (葉) - - - 2枝分

作り方

1 マンゴーは1.5cm角に切る。

2 スパゲッティをゆでる。表示規定時間通りにゆでてザルにあげ、氷水で冷やして水けをきる。

3 ボウルに1、2、スモークサーモン、Ⓐを入れて和える。皿に盛り、食べる直前にディルを添える。

料理 & 栄養メモ マンゴーのフレッシュな甘さとスイートチリソースが相性抜群！ディルを入れることで爽快感が増すので、暑い夏にぴったりの冷製パスタです。

ベーコンとアボカドの
グリーンカレーカルボナーラ

1人あたり
556
kcal

材料（2人分）

- スパゲッティ --- 1束（100g）
- ベーコン（薄切り）--- 50g
- アボカド --- 小1個（80g）
- ピーマン --- 1個
- たけのこ（水煮）--- 50g
- Ⓐ
  - ココナッツミルク --- 100mℓ
  - グリーンカレーペースト（市販）--- 小さじ2
  - ナンプラー --- 小さじ1
- Ⓑ
  - パルメザンチーズ（粉末）--- 小さじ2
  - 溶き卵 --- 1個分
- オリーブオイル --- 大さじ1/2

作り方

1. ベーコンは4cm幅に切る。アボカドは1.5cm角に切る。ピーマンは2mm幅の薄切りにする。たけのこは3cm長さの短冊切りにする。
2. Ⓐ、Ⓑはそれぞれボウルに混ぜ合わせておく。
3. スパゲッティをゆで始める。表示規定時間より2分早くザルにあげ、水けをきる。
4. フライパンにオリーブオイルをひき、1のベーコンとピーマンとたけのこを中火で炒める。ベーコンに焼き色がついたらⒶを入れて温める。水面がふつふつとしてきたら3を入れて、2分ほど温める。
5. Ⓑのボウルに4を入れ、手早く混ぜる。粘度が出てきたら1のアボカドを入れて和える。皿に盛り、お好みで粗挽き黒こしょう（分量外）をふりかける。

✓ 料理＆栄養メモ

グリーンカレーの辛さを卵のまろやかさでやさしく包みます。麺の余熱でからめると卵がぼろぼろになりにくく、カルボナーラ作り初心者の方にはおすすめです。

牛肉と紫キャベツの
レモングラスパスタ

1人あたり
452 kcal

材料(2人分)

スパゲッティ --- 1束(100g)
牛肉(切り落とし) --- 120g
紫キャベツ --- 葉3枚(150g)
グリーンピース(冷凍・むき身)
　--- 50g
レモングラス(生) --- 2本
アンチョビ --- 2枚
ナンプラー --- 小さじ2
バター --- 10g

作り方

1. 紫キャベツは5mm幅の千切りにする。グリーンピースは解凍する。レモングラスは外皮をむいて軸を切り、1本ずつ半分ほどの部分まで小口切りにする。アンチョビはみじん切りにする。

2. スパゲッティをゆで始める。表示規定時間より1分早くザルにあげ、水けをきる(ゆで汁は大さじ3とっておく)。

3. フライパンにバターを溶かし、1のレモングラスとアンチョビ、牛肉を入れて中火で炒める。牛肉に半分ほど火が通ったら、1の紫キャベツとグリーンピースを入れてさっと炒める。

4. 3に2のスパゲッティとゆで汁大さじ3を入れて具材とからめるように炒めながら、途中でナンプラーを加えて味つけする。

料理&栄養メモ

アンチョビとナンプラーの魚の旨みの組み合わせが麺によくなじみます。レモングラスは、炒めるときは生のまま、生で使うときは水にさらしてから使いましょう。

ソーセージとヤングコーンの
チリトマトパスタ

1人あたり
432 kcal

材料（2人分）

- スパゲッティ --- 1束 (100g)
- ソーセージ --- 4本
- ヤングコーン --- 4本
- いんげん --- 6本
- 玉ねぎ --- 1/2個 (100g)
- にんにく --- 1片 (6g)
- A ┃ ケチャップ --- 大さじ3
  ┃ スイートチリソース --- 大さじ1と1/2
- チリパウダー --- 小さじ1/2
- オリーブオイル --- 大さじ1/2

作り方

1. ソーセージは縦半分に切り、表面に斜めに切れ目を入れる。ヤングコーン、いんげんはそれぞれ半分に斜め切りにする。玉ねぎは5mm幅に切る。にんにくはみじん切りにする。

2. スパゲッティをゆで始める。表示規定時間より1分早くザルにあげ、水けをきる（ゆで汁は大さじ3とっておく）。

3. フライパンにオリーブオイルをひき、1のにんにくを弱火で炒める。にんにくの香りがたってきたら、残りの1を入れて中火で炒める。

4. 玉ねぎがしんなりとしてきたら、2のスパゲッティとゆで汁大さじ3を入れ、具材とからめながら炒める。Aを加えて味つけし、仕上げにチリパウダーをふりかける。

料理&栄養メモ　旨辛のトマトソースが特徴のエスニック風ナポリタン。ケチャップの甘みで食べやすくしました。ソーセージは縦半分に切ると具材感&食べごたえがアップします。

鶏そぼろとしめじの
塩こぶみかんの葉パスタ

1人あたり
377
kcal

材料（2人分）

スパゲッティ - - - 1束（100g）
鶏ももひき肉 - - - 120g
しめじ - - - 1パック（100g）
水菜 - - - 1束（50g）
こぶみかんの葉（乾燥）- - - 8枚
しょうが - - - 1片（6g）
Ⓐ ┃ 酒 - - - 大さじ3
　 ┃ 塩 - - - 小さじ1/4
ナンプラー - - - 小さじ2
ごま油 - - - 大さじ1/2
ライム（1/8カット）- - - 1片分

作り方

1. しめじは石づきを切り、手で小房に分ける。水菜は3cm幅に切る。こぶみかんの葉は軸を切り、手で細かくくだく。しょうがはみじん切りにする。

2. スパゲッティをゆで始める。表示規定時間より1分早くザルにあげ、水けをきる（ゆで汁は大さじ3とっておく）。

3. フライパンにごま油をひき、1のしょうがを弱火で炒める。しょうがの香りがたってきたら、1のしめじとこぶみかんの葉、鶏肉を入れてヘラなどでそぼろ状になるように中火で炒める。Ⓐを入れ、汁けがなくなるまでさらに炒める。

4. 3に2のスパゲッティとゆで汁大さじ3を入れて炒める。1の水菜を入れてさっと炒め、途中でナンプラーを加える。皿に盛り、食べる直前にライムを絞る。

 料理＆栄養メモ　こぶみかんの葉は、手に入りやすい乾燥のものを使っていますが生のものでももちろんおいしく作れます。たっぷり使うことで柑橘の風味がぐっと引き立ちます。

カニカマとセロリの
プーパッポンカレーパスタ

1人あたり
506 kcal

材料（2人分）

- スパゲッティ --- 1束（100g）
- カニカマ（市販） --- 5本（80g）
- セロリ（葉・茎） --- 1/2本（50g）
- 玉ねぎ --- 1/4個（50g）
- にんにく --- 1片（6g）
- Ⓐ
  - 卵 --- 2個
  - 水溶き片栗粉
    - （水小さじ2：片栗粉小さじ2）
    - --- 全量
- ココナッツミルク --- 150ml
- Ⓑ
  - カレー粉 --- 小さじ1と1/2
  - オイスターソース --- 小さじ2
  - ナンプラー --- 小さじ2
  - 砂糖 --- 小さじ1
  - ラー油 --- 小さじ1/2
- オリーブオイル --- 大さじ1/2

作り方

1. カニカマは食べやすい大きさに手でほぐす。セロリは葉を2cm幅に切り、茎を5mm幅の斜め切りにする。玉ねぎは1cm幅に切る。にんにくはみじん切りにする。

2. ボウルにⒶを混ぜ合わせておく。

3. スパゲッティをゆで始める。表示規定時間より2分早くザルにあげ、水けをきる。

4. フライパンにオリーブオイルをひき、1のにんにくを弱火で炒める。にんにくの香りがたってきたら、1のセロリの葉と茎、玉ねぎを入れて中火で炒める。玉ねぎがしんなりとしたら、ココナッツミルクを加える。

5. 水面がふつふつとしてきたら、1のカニカマ、3、Ⓑを入れて具材とからめながら1分半ほど温める。

6. Ⓐを回し入れ、卵に半分ほど火が通ったら火をとめる。

料理＆栄養メモ　タイ料理で人気のプーパッポンカレー（カニの卵炒め）をパスタに。作りやすいように、カニカマで代用しています。セロリは葉も入れて香り高く仕上げました。

桜えびとクレソンの
ナンプラーパスタ

1人あたり
287 kcal

材料（2人分）

スパゲッティ --- 1束（100g）
桜えび --- 15g
クレソン --- 2束（100g）
ピーナッツ（有塩、無塩どちらでも可）
　--- 10g
ナンプラー --- 小さじ2
バター --- 10g

作り方

1. クレソンは葉と茎に分け、茎を2cm幅に切る。
2. フライパンに油をひかない状態でピーナッツを煎り、焼き色がついたら取り出す。
3. スパゲッティをゆで始める。表示規定時間より1分早くザルにあげ、水けをきる（ゆで汁は大さじ3とっておく）。
4. 2のフライパンにバターを溶かし、1のクレソンの茎、桜えびを入れて中火で炒める。3のスパゲッティとゆで汁大さじ3を入れて具材とからめながら炒め、1のクレソンの葉、ナンプラーを入れてさらに炒める。皿に盛り、2を散らす。

料理 & 栄養メモ　ナンプラーの塩け、ピーナッツと桜えびの香ばしさで食欲アップ！　クレソンは、茎はしっかり炒めて葉はさっと火を通す程度がおいしく食べられるポイントです。

シーフードの
パクチージェノバパスタ

1人あたり 357 kcal

材料（2人分）

スパゲッティ --- 1束（100g）

シーフードミックス
（今回はあさり、いか、えびを使用）
--- 200g

パクチージェノバ（P.108参照）
--- 大さじ2

ナンプラー --- 小さじ2

ベビーリーフ --- お好みの量

作り方

1. シーフードミックスはたっぷりのお湯でゆでて、ザルにあげて水けをきる。

2. スパゲッティをゆでる。表示規定時間通りにゆでてザルにあげ、水けをきる。

3. ボウルに1、2、パクチージェノバ、ナンプラーを入れて和える。皿に盛り、食べる直前にベビーリーフを添える。

料理＆栄養メモ パクチージェノバソースに旨みの強いナンプラーを足すと、麺にもしっかりと味がつきます。シーフードミックスは温めすぎると身が縮まって硬くなるので注意。

いかと紫玉ねぎの
ヤムウンセン風冷製パスタ

1人あたり **316** kcal

材料（2人分）

- スパゲッティ --- 1束（100g）
- いか --- 1ぱい
- 紫玉ねぎ --- 1/2個（100g）
- きゅうり --- 1/2本
- ミニトマト --- 4個
- 小ねぎ --- 2本
- 塩 --- 少々
- Ⓐ
  - にんにく --- 1/2片（3g）
  - レモン汁 --- 大さじ2
  - ナンプラー --- 大さじ1
  - 砂糖 --- 小さじ1
  - 赤とうがらし（輪切り・種なし） --- 1/2本

料理 & 栄養メモ

作り方

1. いかは足を抜いて軟骨を取り除く。目、ワタ、くちばしを取り除いて足先を切り落とし、吸盤を包丁でこそぎ落として食べやすい大きさに切る。胴はきれいに洗って、1cm幅の輪切りにする。たっぷりのお湯で1〜2分ゆでてザルにあげ、しっかりと水けをきる。

2. 紫玉ねぎは2mm幅の薄切りにし、ボウルに入れて塩をふってもみ込み、しんなりとしてきたら水けをきる。きゅうりは4cm長さの千切りにする。ミニトマトは横半分に切る。小ねぎは3cm長さに切る。

3. Ⓐのにんにくはすりおろす。

4. スパゲッティをゆでる。表示規定時間通りにゆでてザルにあげ、氷水で冷やして水けをきる。

5. ボウルに1、2、4、Ⓐを入れて和える。

ぷりぷり食感のいかとレモンの爽やかな風味がクセになる、ヤムウンセンをアレンジしたパスタ。えびやたこでもおいしく作れます。サラダ感覚で召し上がれ。

えびとオクラのトムヤムみそパスタ

1人あたり **300** kcal

材料（2人分）

- スパゲッティ --- 1束（100g）
- えび（殻なし・尾あり） --- 6尾
- オクラ --- 6本
- マッシュルーム（ホワイト） --- 2個
- パクチー --- 1束
- しょうが --- 1片（6g）
- Ⓐ
  - レモン汁 --- 大さじ1
  - トムヤムクンペースト（市販） --- 小さじ2
  - みそ --- 小さじ2
- オリーブオイル --- 大さじ1/2

作り方

1. えびは竹串で背ワタを取り除く。オクラは1cm幅の小口切りにする。マッシュルームは2mm幅の薄切りにする。パクチーは3cm幅に切る。しょうがはみじん切りにする。
2. ボウルにⒶを混ぜ合わせておく。
3. スパゲッティをゆで始める。表示規定時間より1分早くザルにあげ、水けをきる（ゆで汁は大さじ3とっておく）。
4. フライパンにオリーブオイルをひき、1のしょうがを弱火で炒める。しょうがの香りがたってきたら、えびとオクラを入れて中火で炒める。えびに焼き色がついたら、3のスパゲッティとゆで汁大さじ3、1のマッシュルームを入れて具材とからめながら炒める。
5. Ⓐを加えて炒め、皿に盛り、1のパクチーをのせる。

 料理＆栄養メモ　トムヤムクンペーストを使うと、酸みと辛みが際立ちます。みそは、少量加えると辛さがほんのりやわらぎ、コクもプラスされるのでエスニック料理でも大活躍。

パッタイ風具だくさんパスタ

1人あたり **415** kcal

材料（2人分）

- スパゲッティ … 1束（100g）
- むきえび（大振り） … 100g
- 厚揚げ豆腐 … 50g
- にら … 1/2束（50g）
- もやし … 1/2パック（100g）
- 桜えび … 10g
- 卵 … 1個
- Ⓐ
  - ナンプラー … 大さじ1
  - オイスターソース … 大さじ1
  - ケチャップ … 大さじ1
  - 米酢 … 小さじ2
  - 砂糖 … 小さじ1
- オリーブオイル … 大さじ1/2

作り方

1. 厚揚げ豆腐は食べやすい大きさに手でちぎる。にらは3cm幅に切る。桜えびはみじん切りにする。
2. ボウルに卵を溶いておく。
3. スパゲッティをゆで始める。表示規定時間より1分早くザルにあげ、水けをきる（ゆで汁は大さじ3とっておく）。
4. フライパンにオリーブオイルをひき、1の厚揚げ豆腐、えびを入れて中火で炒める。えびに焼き色がついたらフライパンの隅に具材を寄せて、2を流し入れる。ヘラなどで大きくかき混ぜながら卵がそぼろ状になるように炒め、1のにら、もやしを入れてさっと炒める。
5. 1の桜えび、3のスパゲッティとゆで汁大さじ3を入れて、具材とからめながら炒める。Ⓐを加えて、さらに炒める。

アレンジ → **パッタイ風具だくさんフェットチーネ**

材料（2人分）

「パッタイ風具だくさんパスタ」より
・スパゲッティ1束（100g） → フェットチーネ80g
に変えて作る。

作り方

1. 上記レシピの1〜2と同様に食材の下準備をする。
2. フェットチーネをゆでる。表示規定時間より1分早くザルにあげ、水けをきる（ゆで汁は大さじ3とっておく）。
3. 上記レシピの4〜5と同様に作る。

料理＆栄養メモ 平たい米麺で作るパッタイをスパゲッティで簡単アレンジ。フィットチーネに変えて作ると、より本格的な食べごたえと食感に近づけるのでとてもおすすめです！

ラムミートとひよこ豆のクミンパスタ

1人あたり
500 kcal

材料（2人分）

スパゲッティ --- 1束（100g）
ラムもも肉 --- 150g
玉ねぎ --- 1/2個（100g）
にんじん --- 1/3本（50g）
ひよこ豆（水煮）--- 50g
にんにく --- 1片（6g）

スパイス
クミンシード --- 小さじ1/2
ローリエ --- 1枚

Ⓐ
ケチャップ --- 大さじ3
ウスターソース --- 小さじ2
カレー粉 --- 小さじ2
しょうゆ --- 小さじ2

オリーブオイル --- 大さじ1/2
カッテージチーズ --- お好みの量

作り方

1 ラム肉は包丁で粗めにたたく（またはフードプロセッサーでミンチにする）。

2 玉ねぎ、にんじん、にんにくはそれぞれみじん切りにする。

3 スパゲッティをゆでる。表示規定時間通りにゆでてザルにあげ、水けをきる。

4 フライパンにオリーブオイルをひき、クミンシードを弱火で炒める。粒のまわりがふつふつと泡立ち、香りがたってきたら、2のにんにくを入れて炒める。にんにくの香りがたってきたら、残りの2を中火で炒める。

5 玉ねぎが焦げないように注意しながら茶色くなるまで炒め、1、ひよこ豆、ローリエを入れてラム肉がそぼろ状になるようにヘラなどで炒める。ラム肉に半分ほど火が通ったら、Ⓐを加えて味つけする。

6 皿に3を盛り、5をのせ、カッテージチーズを散らす。

アレンジ ラムミートとひよこ豆のペンネ

材料（2人分）

「ラムミートとひよこ豆のクミンパスタ」より
・スパゲッティ1束（100g）⟶ ペンネ80g
・カッテージチーズ お好みの量
　⟶ パルミジャーノ・レッジャーノ お好みの量
に変えて作る。

作り方

1 上記レシピの1～2と同様に食材の下準備をする。

2 ペンネをゆでる。表示規定時間通りにゆでてザルにあげ、水けをきる。

3 上記レシピの4～6と同様に作り、パルミジャーノ・レッジャーノをふりかける。

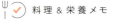 料理&栄養メモ　ラム肉は、自分でミンチするとジューシーさや食べごたえがアップするのでチャレンジしてみて。カッテージチーズの酸みで、最後までしつこさを感じません。

パスタがもっと贅沢になる！
ごちそうトッピング

パスタに味や風味、食感をプラスする楽しいトッピングです。
お好きなパスタにたっぷり盛りつけて召し上がれ。

しらすパセリ 01

材料（作りやすい量）
しらす干し ----- 20g
パセリ（葉） ----- 5g
ごま油 ----- 小さじ2

作り方
1 パセリは極みじん切りにする。
2 ボウルにすべての材料を入れて和える。

焼き明太 02

材料（1腹分）
明太子 ----- 1腹（40g）
ごま油 ----- 小さじ1

作り方
1 明太子の表面にスプーンでごま油をぬる。
2 フライパンにフライパン用ホイルシートをしき、1の両面に焼き色がつくまで、転がしながら中火で6分ほど焼く。

温泉卵 03

材料（2個分）
卵 ----- 2個
水 ----- 200㎖

作り方
1 卵は常温に戻す。鍋に1ℓほどのお湯（分量外）を沸かし、沸騰したら火をとめて水を入れる。
2 1の卵をやさしく入れてフタをし、約15分温めて取り出す。

アンチョビベーコン 04

材料（作りやすい量）
ベーコン（ブロック） ----- 50g
アンチョビ ----- 2枚

作り方
1 ベーコン、アンチョビはそれぞれみじん切りにする。
2 フライパンに油をひかない状態で、1をじっくり炒める。焼き色がついたら、キッチンペーパーに広げて油をきる。

ししとうスパイシー　05

材料（作りやすい量）
ししとう - - - - - 8本
にんにく - - - - - 1/2片（3g）
ケチャップ - - - - - 大さじ3
タバスコ - - - - - 小さじ1/2
チリパウダー - - - - - 少々

作り方
1 ししとうは細かめの小口切りにする。にんにくはすりおろす。
2 ボウルにすべての材料を入れて和える。

ゆずこしょうねぎ　06

材料（作りやすい量）
長ねぎ - - - - - 1/2本
ゆずこしょう - - - - - 小さじ1/2
しょうゆ - - - - - 小さじ1
ごま油 - - - - - 小さじ1

作り方
1 長ねぎは細かめの小口切りにする。
2 ボウルにすべての材料を入れて和える。

高菜納豆　07

材料（作りやすい量）
納豆 - - - - - 1パック（50g）
高菜漬け（市販） - - - - - 10g
すりごま（白） - - - - - 小さじ1

作り方
1 納豆は包丁で粗めにたたく。
2 ボウルにすべての材料を入れて和える。

おかか山椒　08

材料（作りやすい量）
かつお節 - - - - - 2パック（4g）
いりごま（白） - - - - - 小さじ2
しょうゆ - - - - - 小さじ1
粉山椒 - - - - - 少々

作り方
1 ボウルにすべての材料を入れて和える。

バターこしょうおろし　09

材料（作りやすい量）
大根 - - - - - 30g
バター - - - - - 10g
粗挽き黒こしょう - - - - - 小さじ1/4

作り方
1 大根はすりおろす（水けは絞らない）。
2 バターは耐熱容器に入れてふんわりとラップをし、600Wの電子レンジで50秒ほど加熱する。1、粗挽き黒こしょうを入れて和える。

ツナマヨ昆布　10

材料（作りやすい量）
ツナ缶（水煮） - - - - - 1缶（70g）
マヨネーズ - - - - - 大さじ1
昆布茶（顆粒） - - - - - 小さじ1/2

作り方
1 ツナは水けをきる。
2 ボウルにすべての材料を入れて和える。

中華、韓国パスタ

4章

食欲をそそるごま油のいい匂い、辛さとコクを感じる
中華・韓国の調味料のパワーで食べ進める手がとまりません。
香り豊かな香味野菜をたっぷり添えて、お召し上がりください。

チャンジャとアボカドの薬味パスタ

1人あたり
414 kcal

材料(2人分)

- スパゲッティ --- 1束(100g)
- チャンジャ(市販) --- 60g
- アボカド --- 小1個(80g)
- みょうが --- 1本
- みつば --- 1束(30g)
- Ⓐ
  - ごま油 --- 小さじ2
  - しょうゆ --- 小さじ2
  - 米酢 --- 小さじ1
  - ゆずこしょう --- 小さじ1/2
- 卵黄 --- 2個分

作り方

1. アボカドは1.5cm角に切る。みょうがは小口切りにする。みつばは2cm幅に切る。
2. スパゲッティをゆでる。表示規定時間通りにゆでてザルにあげ、水けをきる。
3. ボウルに1のアボカド、2、チャンジャ、Ⓐを入れてしっかりと和える。
4. 皿にパスタを盛り、1のみょうがとみつばをのせ、中央に卵黄をのせる。

アレンジ チャンジャとアボカドの薬味カッペリーニ

材料(2人分)

「チャンジャとアボカドの薬味パスタ」より
・スパゲッティ1束(100g) → カッペリーニ80g
に変えて作る。

作り方

1. 上記レシピの1と同様に食材の下準備をする。
2. カッペリーニをゆでる。表示規定時間通りにゆでてザルにあげ、氷水に当てて水けをきる。
3. 上記レシピの3〜4と同様に作る。

 料理 & 栄養メモ　チャンジャとアボカドの甘辛の組み合わせは、お酒ともよく合います。薬味をたっぷりかけて、全体をよく混ぜてお召し上がりください。

わかめと空心菜のオイスターパスタ

1人あたり **294** kcal

材料（2人分）

- スパゲッティ --- 1束（100g）
- わかめ（塩蔵）--- 20g
- 空心菜 --- 1束（80g）
- パプリカ（赤）--- 1/2個
- にんにく --- 2片（12g）
- Ⓐ
  - オイスターソース --- 大さじ1
  - ナンプラー --- 小さじ2
  - 酒 --- 小さじ2
  - 砂糖 --- 小さじ1/2
  - 粗挽き黒こしょう --- 少々
- ごま油 --- 大さじ1

作り方

1. わかめはよく洗って塩を落とし、水けをきって3cm幅に切る。
2. 空心菜は根元を切り、7cm幅に切る。パプリカは5mm幅の薄切りにする。にんにくは薄切りにする。
3. スパゲッティをゆで始める。表示規定時間より1分早くザルにあげ、水けをきる（ゆで汁は大さじ3とっておく）。
4. フライパンにごま油をひき、2のにんにくを弱火で炒める。にんにくの香りがたってきたら、1、2のパプリカを入れて中火で炒める。2の空心菜、3のスパゲッティとゆで汁大さじ3を入れて具材とからめながら炒め、Ⓐを加えて味つけする。

料理＆栄養メモ

中国の代表的な野菜である空芯菜は、クセがなく、濃いめの味つけにもなじみます。茎のシャキシャキ感を楽しみたいので、さっと炒める程度で十分。

さばと納豆のコチュチェダーパスタ

1人あたり **501** kcal

材料（2人分）

- スパゲッティ --- 1束（100g）
- さば缶（みそ煮）--- 1缶（約120g）
- 納豆 --- 1パック（50g）
- 白菜 --- 葉2枚（100g）
- コチュジャン --- 小さじ1
- みそ --- 小さじ1
- ごま油 --- 大さじ1/2
- チェダーチーズ（固形）--- 40g

作り方

1. さばはボウルに汁ごと入れて、身を粗めにほぐす。納豆は混ぜておく。白菜は3cm幅に切る。
2. スパゲッティをゆで始める。表示規定時間より1分早くザルにあげ、水けをきる。
3. フライパンにごま油をひき、1の白菜を中火で炒める。白菜がしんなりとしたら、コチュジャン、みそを加えて30秒ほど焼きながら白菜とからめる。
4. 3に1のさばの身と汁、2を入れてからめながら炒める。仕上げにチェダーチーズを入れて、チーズの表面が溶けるまで熱する。皿に盛り、1の納豆をのせる。

料理＆栄養メモ 生活習慣病の予防に効果的なDHA、EPAを含むさば缶は、汁ごと使って栄養をまるごと摂りましょう。白菜は少し歯ごたえを残しつつ、しんなりするまで焼きます。

ツナとエリンギの ごま担々冷製パスタ

1人あたり 518 kcal

材料（2人分）

スパゲッティ --- 1束（100g）
ツナ缶（水煮）--- 2缶（140g）
エリンギ --- 2本（100g）
小ねぎ --- 4本
Ⓐ
│ しょうが --- 1片（6g）
│ ピーナッツバター --- 大さじ1
│ みそ --- 小さじ2
Ⓑ
│ 豆乳（無調整）--- 160㎖
│ ねりごま（白）--- 大さじ2
│ すりごま（白）--- 小さじ2
│ みそ --- 小さじ2
│ しょうゆ --- 小さじ2
│ 豆板醤 --- 小さじ1
ラー油 --- お好みの量

作り方

1 ツナは水けをきる。エリンギは縦に3㎜幅に薄切りにし、耐熱容器に入れてふんわりとラップをする。600Wの電子レンジで3分加熱し、粗熱をとって水けをきる。小ねぎは小口切りにする。

2 Ⓐのしょうがはすりおろす。

3 ボウルに1のツナ、Ⓐを入れて和える。別のボウルにⒷを混ぜ合わせておき、冷蔵庫で冷やしておく。

4 スパゲッティをゆでる。表示規定時間通りにゆでてザルにあげ、氷水に当てて水けをきる。

5 冷やしておいたⒷを器にそそぎ、4を入れる。1のエリンギと小ねぎ、和えておいた3をのせて、ラー油をふりかける（お好みで氷を入れると、よりさっぱりとしておいしい）。

料理＆栄養メモ コクがあり、味に深みがあるピーナッツバターを隠し味として使っています。みそと合わせることで、こってりとした味わいに仕上がります。

149

まぐろとキムチの梅ごま冷やしパスタ

1人あたり **393** kcal

材料（2人分）

- スパゲッティ --- 1束（100g）
- まぐろ（刺身用・柵）--- 170g
- 白菜キムチ（市販）--- 120g
- えごまの葉 --- 2枚
- 梅干し（はちみつ漬け・市販）
  - --- 1〜2個
- Ⓐ
  - いりごま（黒）--- 小さじ2
  - しょうゆ --- 小さじ2
  - 米酢 --- 小さじ2
  - ごま油 --- 小さじ2

1 まぐろは2cm角に切る。えごまの葉はみじん切りにする。梅干しは種を取り除き、包丁で身をたたく。切った材料は、ボウルにひとまとめにしておく。

2 スパゲッティをゆでる。表示規定時間通りにゆでてザルにあげ、氷水に当てて水けをきる。

3 1のボウルに2、白菜キムチ、Ⓐを入れてよく和える。

 料理＆栄養メモ　キムチの辛さと梅干しの酸みが意外な組み合わせかもしれませんが、お互いの味の主張がありつつもケンカしません。えごまの葉を入れると、香り高い風味に。

台湾風豆乳スープパスタ

1人あたり **436** kcal

材料（2人分）

スパゲッティ --- 1束（100g）
豆乳（無調整） --- 500ml
小ねぎ --- 2本
ザーサイ（味付き） --- 20g
カシューナッツ --- 15g
桜えび --- 10g
Ⓐ｜米酢 --- 大さじ2
　｜しょうゆ --- 大さじ1
　｜ごま油 --- 小さじ2
　｜塩 --- 少々
ラー油 --- お好みの量

作り方

1. 小ねぎは小口切りにする。ザーサイは粗みじん切りにする。カシューナッツは包丁で粗めにくだく。
2. スパゲッティをゆで始める。表示規定時間より1分早くザルにあげ、水けをきる。
3. 深めの鍋に豆乳を入れて、沸騰しない程度に中火で温める。2を入れて1分ほど温め、Ⓐをゆっくりと回し入れてヘラなどでやさしく混ぜる。
4. 器に3を盛り、1の小ねぎとザーサイ、桜えびをのせる。1のカシューナッツを散らし、ラー油をふりかける。

 料理＆栄養メモ　台湾の朝ごはんで人気の「トウジャン」をスープパスタにアレンジ。最後の一滴まで飲み干したくなる、桜えびの風味をしっかりと効かせたおいしいスープです。

しじみとちりめん山椒の
シビレパスタ

1人あたり
341 kcal

材料（2人分）

スパゲッティ --- 1束(100g)
しじみ --- 200g
ちりめん山椒(市販) --- 30g
パクチー --- 2束
紹興酒(酒でも可) --- 70ml
Ⓐ しょうが --- 1片(6g)
　ぽん酢 --- 大さじ1
　オイスターソース --- 小さじ1
花椒 --- 小さじ1/2

作り方

1. しじみの砂抜きをする。バットにしじみを並べて、しじみがかぶるくらいまで塩水（水500mlに対し、塩15gの割合）を注ぎ入れる。新聞紙などをかぶせて3時間ほどおき、水（分量外）で殻同士をこすりながらしっかり洗う。

2. パクチーは葉と茎に分けて、3cm幅に切る。Ⓐのしょうがはすりおろす。

3. スパゲッティをゆで始める。表示規定時間より1分早くザルにあげ、水けをきる。

4. フライパンに1、紹興酒を入れて中火で温める。水面がふつふつとしてきたら、フタをしてしじみの口が開くまで中火で温める。2のパクチーの茎、3、ちりめん山椒を入れて1分ほど温め、Ⓐを加えてからめながら炒める。

5. 皿にパスタを盛り、2のパクチーの葉をのせる。食べる直前にミルなどで削った花椒をふりかける。

料理 & 栄養メモ　しじみを紹興酒で蒸すと、コクと旨みが強まって本格的な味に仕上がります。スパゲッティを入れて温めるときは、しじみの旨みをしっかりと麺に吸わせましょう。

牡蠣と春菊の甘辛薬味パスタ

1人あたり **301** kcal

材料（2人分）

スパゲッティ ---1束（100g）
牡蠣（むき身）---8個
春菊 ---1束（50g）
オイスターソース ---大さじ1
甘辛薬味ソース（P.109参照）
　---大さじ4

作り方

1. ボウルに牡蠣、塩小さじ1/4と片栗粉大さじ1（各分量外）を入れて手でやさしくもみ込む。流水で洗い、ペーパータオルで牡蠣の表面をやさしくふく。
2. 春菊は3cm幅に切る。
3. スパゲッティをゆで始める。表示規定時間通りにゆでてザルにあげ、水けをきる。
4. 冷たい状態のフライパンに1を並べ、フライパンを前後にゆすりながら強火で焼く。牡蠣から水分が出て、うっすらと焼き色がついたら、弱火にしてオイスターソースを加えて両面をしっかりと焼く。
5. ボウルに2、3、4、甘辛薬味ソースを入れてよく和える。

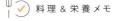 料理＆栄養メモ

「海のミルク」と例えられるほどクリーミーで旨みの強い牡蠣を、贅沢に使ったパスタです。牡蠣自体は、100gで70kcalほどと低カロリーなのもうれしいですね。

あさりと小松菜の五香粉バターパスタ

1人あたり **338** kcal

材料（2人分）

スパゲッティ --- 1束（100g）
あさり --- 200g
小松菜 --- 2束（100g）
にんにく --- 1片（6g）
酒 --- 70㎖
オイスターソース --- 大さじ1
バター --- 10g
五香粉 --- 小さじ1

作り方

1. あさりの砂抜きをする。バットにあさりを並べて、あさりがかぶるくらいまで塩水（水500㎖に対し、塩15gの割合）を注ぎ入れる。新聞紙などをかぶせて3時間ほどおき、水（分量外）で殻同士をこすりながらしっかり洗う。
2. 小松菜は3㎝幅に切る。にんにくは薄切りにする。
3. スパゲッティをゆで始める。表示規定時間より2分早くザルにあげ、水けをきる。
4. フライパンに1、2のにんにく、酒を入れて強火で温める。水面がふつふつとしてきたら、フタをしてあさりの口が開くまで中火で温める。
5. あさりの口が開いたら3を入れて1分ほど温め、2の小松菜、オイスターソース、バターを入れて汁けがなくなるまで炒める。仕上げに五香粉をふりかける。

 料理＆栄養メモ　クローブ、シナモン、八角、花椒などを複合させたスパイス「五香粉」は、甘さのある味つけと相性がよいのでバターと組み合わせました。

鶏肉とにんにくの芽の カシューナッツパスタ

1人あたり 544 kcal

材料（2人分）

スパゲッティ --- 1束 (100g)
鶏もも肉 --- 150g
にんにくの芽 --- 100g
れんこん --- 100g
しょうが --- 1片 (6g)
カシューナッツ --- 20g
塩、粗挽き黒こしょう --- 各少々
薄力粉 --- 小さじ2
Ⓐ ┌ 酒 --- 大さじ1と1/2
  │ 砂糖 --- 小さじ2
  │ 甜麺醤 --- 小さじ2
  └ オイスターソース --- 小さじ2
ごま油 --- 大さじ1/2

作り方

1 鶏肉は2cm角に切り、塩と粗挽き黒こしょうをもみ込んで薄力粉をまぶす。

2 にんにくの芽は5cm幅に切る。れんこんは小さめの乱切りにする。しょうがはみじん切りにする。

3 フライパンに油をひかない状態でカシューナッツを煎り、焼き色がついたら取り出す。

4 スパゲッティをゆで始める。表示規定時間より1分早くザルにあげ、水けをきる（ゆで汁は大さじ3とっておく）。

5 フライパンにごま油をひき、2のしょうがを弱火で炒める。しょうがの香りがたってきたら、1を入れて中火で炒める。鶏肉の表面に焼き色がついたら、2のにんにくの芽とれんこんを入れて炒める。

6 4のスパゲッティとゆで汁大さじ3を入れて具材とからめながら炒め、3、Ⓐを入れてさらに炒める。

料理 & 栄養メモ

表面をカリッと焼いた鶏肉と、シャキシャキ食感のにんにくの芽やれんこんがよく合います。鶏肉は、下味をつけて薄力粉をまぶして焼くと旨みが逃げません。

デジカルビとサンチュの焼肉パスタ

1人あたり **511** kcal

材料（2人分）

- スパゲッティ --- 1束（100g）
- 豚カルビ肉 --- 120g
- サンチュ --- 4枚
- にんじん --- 1/2本（75g）
- 長ねぎ --- 1/4本
- Ⓐ
  - にんにく --- 1片（6g）
  - しょうが --- 1片（6g）
  - ぽん酢 --- 大さじ1
  - しょうゆ --- 小さじ2
  - コチュジャン --- 小さじ1
- いりごま（白） --- 小さじ2
- ごま油 --- 大さじ1/2

作り方

1. サンチュは5mm幅に切る。にんじんは4cm長さの千切りにする。長ねぎは縦に少し切り込みを入れて芯を取り除き、かなり細めの千切りにする。
2. Ⓐのにんにく、しょうがはそれぞれすりおろす。ボウルにⒶを混ぜ合わせておく。
3. スパゲッティをゆで始める。表示規定時間より1分早くザルにあげ、水けをきる（ゆで汁は大さじ3とっておく）。
4. フライパンにごま油をひき、1のにんじん、豚肉を中火で炒める。豚肉に半分ほど火が通ったら、3のスパゲッティとゆで汁大さじ3を入れて具材とからめながら炒める。
5. 4にⒶを加えて炒め、皿に盛る。1のサンチュ→長ねぎの順にのせて、いりごまをふりかける。

 料理＆栄養メモ　焼肉とパスタを一緒に楽しめる具だくさんのパスタです。豚カルビ肉はこってりとしがちなので、サンチュやぽん酢でさっぱりと食べられるように工夫しました。

豚肉といんげんの八角パスタ

1人あたり **527** kcal

材料（2人分）

- スパゲッティ --- 1束（100g）
- 豚バラ肉（薄切り）--- 130g
- いんげん --- 15本
- にんにく --- 1片（6g）
- きくらげ（乾燥）--- 5g
- 八角 --- 1個
- Ⓐ
  - 酒 --- 小さじ2
  - オイスターソース --- 小さじ2
  - ナンプラー --- 小さじ2
  - 砂糖 --- 小さじ1
- ごま油 --- 大さじ1/2

作り方

1. 豚肉は4cm幅に切る。いんげんは半分に切る。にんにくはみじん切りにする。
2. きくらげは水に20分ほどつけて戻し、水けをきって石づきを切り、4等分に切る。
3. スパゲッティをゆで始める。表示規定時間より1分早くザルにあげ、水けをきる（ゆで汁は大さじ3とっておく）。
4. フライパンにごま油をひき、1のにんにく、八角を弱火で炒める。にんにくの香りがたってきたら、残りの1、2を入れて中火で炒める。
5. 豚肉に半分ほど火が通ったら、3のスパゲッティとゆで汁大さじ3を入れて具材とからめながら炒める。Ⓐを加えて味つけする。

料理 & 栄養メモ にんにくを炒める段階から八角を入れて油に風味を移すことで、パスタ全体から八角の味わいを感じられます。いんげんは大きめに切って食感を楽しみましょう。

牛肉としいたけの
チャプチェ風パスタ

1人あたり
462
kcal

材料（2人分）

- スパゲッティ --- 1束(100g)
- 牛肉（切り落とし）--- 120g
- しいたけ --- 2個
- ピーマン --- 2個
- にんじん --- 1/3本(50g)
- にんにく --- 1片(6g)
- 赤とうがらし --- 1本
- Ⓐ
  - しょうゆ --- 大さじ2
  - 酒 --- 大さじ2
  - みりん --- 大さじ1
  - 砂糖 --- 小さじ2
- ごま油 --- 大さじ1

作り方

1. しいたけ、ピーマンはそれぞれ2㎜幅の薄切りにする。にんじんは5㎜幅の細切りにする。にんにくはみじん切りにする。赤とうがらしは種を取り除く。

2. スパゲッティをゆで始める。表示規定時間より1分早くザルにあげ、水けをきる（ゆで汁は大さじ3とっておく）。

3. フライパンにごま油をひき、1のにんにくと赤とうがらしを弱火で炒める。にんにくの香りがたってきたら、残りの1を入れて中火で炒める。にんじんがしんなりとしてきたら、牛肉を入れて半分ほど火が通るまで炒める。

4. 2のスパゲッティとゆで汁大さじ3を加えて、具材とからめながら炒める。Ⓐを加えて味つけし、さらに炒める。

料理 & 栄養メモ

韓国の定番料理「チャプチェ」は、通常は春雨で作りますが今回はスパゲッティでアレンジ。野菜を細く切ることで麺とよくからみ、食べごたえもアップします。

牛そぼろとほうれん草の
ビビンバパスタ

1人あたり
439 kcal

材料（2人分）

スパゲッティ ---- 1束（100g）
牛ひき肉 --- 120g
ほうれん草 --- 1束（50g）
豆もやし --- 1/2パック（100g）
Ⓐ
　にんにく --- 1片（6g）
　コチュジャン --- 大さじ1
　しょうゆ --- 小さじ2
　米酢 --- 小さじ2
しょうゆ --- 小さじ2
韓国のり --- お好みの量
ごま油 --- 大さじ1/2

作り方

1. ほうれん草は4cm幅に切る。Ⓐのにんにくはすりおろす。

2. スパゲッティをゆで始める。表示規定時間より1分早くザルにあげ、水けをきる（ゆで汁は大さじ3とっておく）。

3. フライパンにごま油をひき、牛肉を入れてそぼろ状になるようにヘラなどで中火で炒める。牛肉に半分ほど火が通ったら、1のほうれん草、豆もやし、Ⓐを入れて野菜がしんなりとするまで炒める。

4. 2のスパゲッティとゆで汁大さじ3を入れて具材とからめながら炒め、しょうゆを加えて味つけする。皿に盛り、食べる直前に韓国のりを手でちぎって散らす。

 料理 & 栄養メモ　食欲をそそるごま油の風味と、歯ごたえのある豆もやしがおいしいビビンバ風パスタです。牛ひき肉を使うので、お肉のジューシーな旨みも感じられます。

トマト麻婆パスタ

1人あたり 470 kcal

材料（2人分）

スパゲッティ --- 1束（100g）
豚ひき肉 --- 120g
トマト --- 1個（200g）
にら --- 1/2束（50g）
にんにく --- 1片（6g）
しょうが --- 1片（6g）

Ⓐ
- 水 --- 150ml
- ケチャップ --- 大さじ1と1/2
- しょうゆ --- 大さじ1と1/2
- 酒 --- 大さじ1
- みそ --- 小さじ2
- 豆板醤 --- 小さじ1

水溶き片栗粉
　（片栗粉小さじ2：水大さじ1）--- 適量
花椒（なくても可）--- お好みの量
ごま油 --- 大さじ1

作り方

1. トマトは縦8等分のくし切りにする。にらは小口切りにする。にんにく、しょうがはそれぞれみじん切りにする。Ⓐは混ぜ合わせておく。

2. スパゲッティをゆで始める。表示規定時間より1分ほど早くザルにあげ、水をきる。

3. フライパンにごま油をひき、1のにんにくとしょうがを弱火で炒める。にんにくの香りがたってきたら、豚肉を入れてヘラなどでそぼろ状になるように中火で炒める。

4. 豚肉に半分ほど火が通ったら、1のトマトとにら、Ⓐを入れて温める。水面がふつふつとしてきたら2を入れて1分ほど温め、水溶き片栗粉を回し入れてとろみをつける。

5. 花椒をふりかけて香りをつける。

アレンジ トマト麻婆ファルファッレ

材料（2人分）

「トマト麻婆パスタ」より
・スパゲッティ1束（100g）→ ファルファッレ80g
・豚ひき肉120g → 100g
・トマト1個（200g）→ ミニトマト10個
・Ⓐの水150ml → 120ml
・Ⓐのケチャップ大さじ1と1/2 → 大さじ1
・Ⓐのみそ小さじ2 → 小さじ1
に変えて作る。

作り方

1. 上記レシピの1でミニトマトのヘタを取り、その他の食材は同様に下準備をする。
2. ファルファッレをゆでる。表示規定時間通りにゆでてザルにあげ、水けをきる。
3. 上記レシピの3〜5と同様に作る。

料理＆栄養メモ

トマトはつぶさず、形が残るくらいの火加減で炒めましょう。ミニトマトとファルファッレに変えてアレンジすると、みずみずしさともちもち感を同時に味わえます。

豚肉とキャベツの豆チパスタ

1人あたり
432 kcal

材料（2人分）

スパゲッティ･･･1束（100g）
豚こま切れ肉･･･120g
キャベツ･･･葉2枚（100g）
なす･･･1本
にんにく･･･1片（6g）
豆チ･･･小さじ1（5g）
みそ･･･大さじ1
Ⓐ┌ 酒･･･大さじ1
　│ しょうゆ･･･小さじ2
　└ みりん･･･小さじ2
粗挽き黒こしょう･･･少々
ごま油･･･大さじ1

作り方

1. キャベツは一口大に切る。なすは縦半分に切り、斜め切りにする。にんにくはみじん切りにする。
2. 豆チは粗みじん切りにする。
3. スパゲッティをゆで始める。表示規定時間より1分早くザルにあげ、水けをきる（ゆで汁は大さじ3とっておく）。
4. フライパンにごま油をひき、1のにんにくを弱火で炒める。にんにくの香りがたってきたら2、みそを入れて中火で20秒ほど焼く。1のキャベツとなす、豚肉を入れて炒める。
5. 豚肉に半分ほど火が通ったら、2のスパゲッティとゆで汁大さじ3を入れて具材とからめながら炒め、Ⓐを加えてさらに炒める。皿に盛り、食べる直前に粗挽き黒こしょうをふりかける。

料理 & 栄養メモ　豆チとは、蒸した黒豆を麹と塩で発酵させた中国の食材です。コクと旨みが強いので、キャベツやなすなどの水分が多くてみずみずしい野菜と相性ぴったり。

サンラータン風スープパスタ

1人あたり **468** kcal

材料（2人分）

- スパゲッティ --- 1束（100g）
- 豚バラ肉（薄切り）--- 80g
- しめじ --- 1パック（100g）
- えのきたけ --- 1と1/2パック（150g）
- 長芋（山芋でも可）--- 50g
- Ⓐ
  - 水 --- 600mℓ
  - 黒酢 --- 大さじ3
  - 鶏がらスープの素（顆粒）--- 大さじ1
  - しょうゆ --- 小さじ2
  - 豆板醤 --- 小さじ1
- 酒 --- 大さじ1
- 水溶き片栗粉
  - （片栗粉小さじ2：水大さじ1）--- 全量
- 溶き卵 --- 1個分

作り方

1. 豚肉は4cm幅に切る。しめじ、えのきたけはそれぞれ石づきを切り、しめじは手で小房に分け、えのきたけは半分に切って手でほぐす。長芋は5mm幅に切る。

2. スパゲッティをゆで始める。表示規定時間より1分早くザルにあげ、水けをきる。

3. 深めの鍋にⒶを入れて温める。水面がふつふつとしてきたら、1の豚肉を1枚ずつはがして入れる。残りの1、酒を入れて5分ほど温め、アクが出てきたらそのつどすくう。

4. 2を入れて強火にし、水面がぼこぼことしてきたら水溶き片栗粉を回し入れてとろみをつける。溶き卵をゆっくりと回し入れる。器に盛り、お好みで粗挽き黒こしょう少々をふりかけてごま油小さじ2（各分量外）を回しかける。

料理 & 栄養メモ

人気のサンラータンをパスタと一緒に楽しむ一品。長芋のねばとろ感が、とろみのあるスープによくなじみます。黒酢の酸味が食欲をそそること間違いなし！

165

塩豚とレタスの花椒パスタ

1人あたり **589** kcal

材料（2人分）

- スパゲッティ --- 1束（100g）
- 豚バラ肉（薄切り）--- 150g
- フリルレタス --- 葉6枚
- セロリ --- 1/4本（約20g）
- Ⓐ
  - 塩麹 --- 大さじ1/2
  - 粗挽き黒こしょう --- 小さじ1/4
- 片栗粉 --- 小さじ2
- 紹興酒（酒でも可）--- 大さじ2
- レモン汁 --- 小さじ2
- バター --- 5g
- オリーブオイル --- 小さじ2

作り方

1. 塩豚を作る。豚肉は6cm幅に切り、Ⓐを肉全体にしっかりともみ込む。チャック付き保存袋に入れて、冷蔵庫で一晩漬ける（焼く際は、片栗粉を全体にまぶす）。

2. フリルレタスは食べやすい大きさに手でちぎる。セロリは2mm幅の斜め切りにする。

3. スパゲッティをゆで始める。表示規定時間より1分早くザルにあげ、水けをきる（ゆで汁は大さじ3とっておく）。

4. フライパンにオリーブオイルをひき、1の片栗粉をまぶした豚肉、2のセロリを炒める。豚肉に半分ほど火が通ったら、3のスパゲッティとゆで汁大さじ3を入れて具材とからめるように炒める。

5. 2のフリルレタス、紹興酒を入れて、フリルレタスがしんなりとするまで炒める。火をとめてレモン汁、バターを加えて味つけする。

料理＆栄養メモ 豚肉は、塩麹で漬け込む時間をかければかけるほど、旨みがぐっと引き立ちます。一晩漬け込むと塩麹の旨みがしっかりつくので、ぜひ試してみてください。

長ねぎとハムのザーサイパスタ

1人あたり **374** kcal

材料（2人分）

スパゲッティ --- 1束（100g）
ロースハム --- 8枚
長ねぎ --- 1本
焼きちくわ --- 2本
ザーサイ（味付き）--- 20g

Ⓐ
- しょうが --- 1/2片（3g）
- 黒酢 --- 大さじ1と1/2
- めんつゆ（3倍濃縮）--- 小さじ2
- ごま油 --- 小さじ2

作り方

1. ハムは4cm長さの短冊切りにする。長ねぎ、ちくわはそれぞれ小口切りにする。ザーサイは細切りにする。
2. Ⓐのしょうがはすりおろす。
3. スパゲッティをゆでる。表示規定時間通りにゆでてザルにあげ、水けをきる。
4. ボウルに1、3、Ⓐを入れて和える。

料理 & 栄養メモ　ハム、長ねぎ、ちくわの身近な食材で作れるお手軽パスタ。ザーサイの食感とちくわの味わいがクセになりますよ。食材を小さめに切ることで麺によくからみます。

5章

ボウルでさっと和えるだけの
シンプルパスタ

切ったりほぐしたりした食材を、調味料と合わせて
ボウルで和えるだけのパスタ。思い立ったらさっと作れる手軽さと、
リピート間違いなしのおいしさがうれしいところ。

水菜のハリハリパスタ

1人あたり 260 kcal

材料（2人分）

スパゲッティ --- 1束（100g）
水菜 --- 1束（50g）
切りいか --- 5g
刻みのり --- 2g
塩昆布 --- 5g
Ⓐ ｜ 米酢 --- 小さじ2
　｜ ごま油 --- 小さじ2
　｜ しょうゆ --- 小さじ1

作り方

1 水菜は4cm幅に切る。

2 スパゲッティをゆでる。表示規定時間通りにゆでてザルにあげ、水けをきる。

3 ボウルに1、2、切りいか、刻みのり、塩昆布、Ⓐを入れて、水菜がしんなりとするまで和える。

 料理 & 栄養メモ　お好み焼きの具材としてよく使われる切りいかと塩昆布の旨みを活かしました。シャキシャキの水菜をたっぷりと入れて、野菜のおいしさも楽しめるパスタに。

サーモンのなめろう冷製パスタ

1人あたり **383** kcal

材料（2人分）

スパゲッティ --- 1束（100g）
サーモン（刺身用）--- 120g
小ねぎ --- 1本
Ⓐ ┤ 大葉 --- 6枚
　　 みょうが --- 2本
　　 しょうが --- 1片（6g）
　　 みそ --- 大さじ1
ごま油 --- 小さじ2

作り方

1. サーモンは粗めにたたく。小ねぎは小口切りにする。
2. Ⓐの大葉、みょうがはそれぞれみじん切りにする。しょうがはすりおろす。ボウルに1のサーモン、Ⓐを入れて和えておく。
3. スパゲッティをゆでる。表示規定時間より1分早くザルにあげ、氷水にあてて水けをきる。
4. 皿に3を盛り、2をのせる。1の小ねぎを散らし、ごま油を回しかける。

料理 & 栄養メモ　あじで作ることが多いなめろうをサーモンに代えてアレンジ。粗めにみじん切りをすると、シンプルなのに具だくさんな感じがして、お腹も心も満足できます。

納豆アボカドのわさびパスタ

1人あたり **355** kcal

材料（2人分）

スパゲッティ --- 1束（100g）
納豆 --- 1パック（50g）
アボカド --- 小1個（80g）
めんつゆ（3倍濃縮）--- 大さじ1
いりごま（白）--- 小さじ1
ねりわさび --- 小さじ1/4
バター --- 5g

作り方

1. 納豆は混ぜておく。アボカドは1.5cm角に切る。
2. スパゲッティをゆでる。表示規定時間通りにゆでてザルにあげ、水けをきる。
3. ボウルに1、2、めんつゆ、いりごま、ねりわさび、バターを入れて、バターが溶けるまで和える。

料理 & 栄養メモ 納豆×アボカドの人気の組み合わせをパスタにしました。マイルドな口当たりのアボカドにわさびを合わせることで、メリハリのある風味に仕上がります。

ツナの和風マスカルポーネパスタ

1人あたり **311** kcal

材料（2人分）

スパゲッティ - - - 1束（100g）
ツナ缶（水煮）- - - 1缶（70g）
大葉 - - - 4枚
マスカルポーネ - - - 50g
みそ - - - 小さじ2
粗挽き黒こしょう - - - 少々

作り方

1. ツナは水けをきる。大葉は食べやすい大きさに手でちぎる。
2. スパゲッティをゆでる。表示規定時間通りにゆでてザルにあげ、水けをきる。
3. ボウルに1のツナ、2、マスカルポーネ、みそを入れて和える。皿に盛り、1の大葉を散らし、粗挽き黒こしょうをふりかける。

料理 & 栄養メモ　香り豊かな大葉とマスカルポーネの組み合わせがおいしい、やさしい味わいのパスタです。みそを少量加えるだけでコクと旨みがアップするので、ぜひお試しあれ。

とびこの柴漬けパスタ

1人あたり
300 kcal

材料（2人分）

スパゲッティ --- 1束（100g）
とびこ --- 1パック（50g）
柴漬け（市販）--- 40g
マヨネーズ --- 大さじ2
ぽん酢 --- 小さじ1

作り方

1. 柴漬けは粗めに刻む。
2. スパゲッティをゆでる。表示規定時間通りにゆでてザルにあげ、水けをきる。
3. ボウルに1、2、とびこ、マヨネーズ、ぽん酢を入れて和える。

料理 & 栄養メモ

とびこのプチプチ食感と歯ごたえのある柴漬けがクセになること間違いなし！ マヨネーズとぽん酢を組み合わせて、まろやかでさっぱりとした味つけに。

いかそうめんのスイチリ明太パスタ

1人あたり **289** kcal

材料（2人分）

スパゲッティ --- 1束（100g）
いかそうめん（刺身用）--- 60g
明太子 --- 1腹（40g）
スイートチリソース --- 小さじ2
バター --- 10g
糸とうがらし（なくても可）
　--- お好みの量

作り方

1. 明太子は皮から身をほぐす。
2. スパゲッティをゆでる。表示規定時間通りにゆでてザルにあげ、水けをきる。
3. ボウルに1、2、いかそうめん、スイートチリソース、バターを入れて、バターが溶けるまで和える。皿に盛り、食べる直前に糸とうがらしをのせる。

料理 & 栄養メモ 明太子の辛さ、スイートチリソースの甘辛さは、どちらも原材料に「唐辛子」が使われているので相性ぴったり。バターを入れて、ほんのりやさしい味わいに。

しらすのコールスローパスタ

1人あたり **349** kcal

材料（2人分）

スパゲッティ --- 1束 (100g)
しらす干し --- 20g
キャベツ --- 葉2枚 (100g)
Ⓐ｜砂糖 --- 小さじ1/2
　｜塩 --- 少々
Ⓑ｜マヨネーズ --- 大さじ3
　｜ヨーグルト（無糖） --- 大さじ1
　｜レモン汁 --- 小さじ1
粗挽き黒こしょう --- 小さじ1/4

作り方

1. キャベツは千切りにし、Ⓐでもみ込む。水けが出てきたらしっかりと絞る。
2. スパゲッティをゆでる。表示規定時間通りにゆでてザルにあげ、水けをきる。
3. ボウルに1、2、しらす干し、Ⓑを入れて和える。皿に盛り、粗挽き黒こしょうをふりかける。

 料理 & 栄養メモ　キャベツの千切りを足してボリュームを出すことで、シンプルだけれど食べごたえのある一品に。しらすは麺とよくからむので、いいアクセントになります。

桜えびの揚げ玉パスタ

1人あたり 267 kcal

材料（2人分）

- スパゲッティ --- 1束（100g）
- 桜えび --- 10g
- わかめ（塩蔵） --- 20g
- 揚げ玉 --- 10g
- しょうが --- 1片（6g）
- めんつゆ（3倍濃縮） --- 大さじ1
- ラー油 --- 小さじ1

作り方

1. わかめは水で洗い、3cm幅に切る。しょうがはすりおろす。
2. スパゲッティをゆでる。表示規定時間通りにゆでてザルにあげ、水けをきる。
3. ボウルに1、2、桜えび、めんつゆを入れて和える。食べる直前に揚げ玉を散らし、ラー油をふりかける。

 料理＆栄養メモ　コリコリのわかめとサクサクの揚げ玉がよく合います。汁けを吸ってやわらかくなった揚げ玉もおいしいですね。風味豊かな桜えびが全体の味をまとめてくれます。

高菜の黒酢パスタ

1人あたり **251** kcal

材料（2人分）

- スパゲッティ --- 1束（100g）
- 高菜漬け（市販）--- 50g
- メンマ（市販）--- 20g
- Ⓐ
  - しょうが --- 1片（6g）
  - 黒酢 --- 大さじ1と1/2
  - しょうゆ --- 小さじ2
  - ごま油 --- 小さじ2
  - 豆板醤 --- 小さじ1/4
- 粗挽き黒こしょう --- 少々

作り方

1. メンマは粗みじん切りにする。Ⓐのしょうがはすりおろす。
2. スパゲッティをゆでる。表示規定時間通りにゆでてザルにあげ、水けをきる。
3. ボウルに2、高菜漬け、Ⓐを入れて和える。皿に盛り、1のメンマをのせて、粗挽き黒こしょうをふりかける。

料理 & 栄養メモ

中華料理でよく使われるメンマ。パスタと組み合わせるときに酸みを効かせると、味にメリハリがついてもっとおいしく楽しめますよ。

オイルサーディンのレモン麹パスタ

1人あたり **389** kcal

材料（2人分）

- スパゲッティ --- 1束（100g）
- オイルサーディン --- 1缶（100g）
- かいわれ大根 --- 1パック
- Ⓐ
  - 塩麹 --- 大さじ1
  - レモン汁 --- 小さじ2
  - 豆板醤 --- 小さじ1/4

作り方

1. オイルサーディンは身を粗めにほぐす。かいわれ大根は根元を切る。
2. スパゲッティをゆでる。表示規定時間通りにゆでてザルにあげ、水けをきる。
3. ボウルに1、2、Ⓐを入れて和える。

料理 & 栄養メモ　かいわれ大根とレモンを合わせたシンプルパスタ。オイルサーディン自体にオイルがしっかりと染みついているので、油分を足さなくてもOK。

キムチのチョレギパスタ

1人あたり **281** kcal

材料（2人分）

- スパゲッティ --- 1束（100g）
- 白菜キムチ（市販）--- 50g
- サニーレタス --- 葉2枚
- 韓国のり --- 1パック（8枚）
- Ⓐ
  - にんにく --- 1/2片（3g）
  - 鶏がらスープの素（顆粒）--- 小さじ1/2
  - しょうゆ --- 小さじ2
  - ごま油 --- 小さじ2
  - いりごま（白）--- 小さじ2

作り方

1. サニーレタスは食べやすい大きさに手でちぎる。韓国のりは細かく手でちぎる。Ⓐのにんにくはすりおろす。
2. スパゲッティをゆでる。表示規定時間通りにゆでてザルにあげ、水けをきる。
3. ボウルに1、2、白菜キムチ、Ⓐを入れて和える。

料理 & 栄養メモ　韓国では定番のチョレギサラダをパスタに！　サンチュや白菜キムチのシャキシャキ感がたまりません。ごま油の風味が好きな方は、韓国のり多めがおすすめ。

パセリのアンチョビパスタ

（1人あたり 337 kcal）

材料（2人分）

スパゲッティ --- 1束（100g）

パセリ --- 1束（葉の部分20g）

アンチョビ --- 2枚

にんにく --- 1/2片（3g）

マヨネーズ --- 大さじ3

ヨーグルト（無糖）--- 大さじ2

作り方

1 パセリは茎から葉を取って、粗みじん切りにする。アンチョビは粗みじん切りにする。にんにくはすりおろす。

2 スパゲッティをゆでる。表示規定時間通りにゆでてザルにあげ、水けをきる。

3 ボウルに1、2、マヨネーズ、ヨーグルトを入れて和える。

料理 & 栄養メモ　パセリのフレッシュな風味が口いっぱいに広がります。パセリの葉は、細かくみじん切りにすることで麺とよくからんでおいしいです。

コーンカレーの粒マスタードパスタ

（1人あたり 286 kcal）

材料（2人分）

スパゲッティ --- 1束（100g）

コーン缶（水煮）--- 100g

カレー粉 --- 小さじ1

粒マスタード --- 小さじ2

しょうゆ --- 小さじ1

バター --- 10g

作り方

1 コーンは水けをきる。

2 スパゲッティをゆでる。表示規定時間通りにゆでてザルにあげ、水けをきる。

3 ボウルに1、2、カレー粉、粒マスタード、しょうゆ、バターを入れ、スパゲッティが温かいうちに和える。

料理 & 栄養メモ　カレー粉のスパイシーな風味に粒マスタードのピリッとした味わいをプラスした、相性抜群の組み合わせ。甘みのあるコーンがさらに食欲をそそります。

さばのかつお節パスタ

1人あたり **388** kcal

材料（2人分）

スパゲッティ --- 1束（100g）
さば缶（みそ煮）--- 1缶（約120g）
カマンベールチーズ（カットタイプ）
　--- 2ピース（40g）
しょうゆ --- 小さじ1
かつお節 --- 1パック（2g）

作り方

1. さばは汁ごとボウルに入れて、身をほぐす。カマンベールチーズは食べやすい大きさに手でちぎる。
2. スパゲッティをゆでる。表示規定時間通りにゆでてザルにあげ、水けをきる。
3. 1のさばの身と汁が入ったボウルに1のカマンベールチーズ、2、しょうゆを入れて和える。皿にパスタを盛り、かつお節を散らす。

料理＆栄養メモ　みそ煮タイプのさば缶、カマンベールチーズ、かつお節の意外な組み合わせですが、パスタにもよく合います。クリーミーで濃厚な味わいがやみつきに。

あおさのパスタ

1人あたり
242 kcal

材料（2人分）

スパゲッティ --- 1束（100g）
あおさ（乾燥）--- 5g
のりの佃煮（市販）--- 大さじ3
すりごま（白）--- 大さじ1

作り方

1. あおさは水につけて戻し、水けをきる。
2. スパゲッティをゆでる。表示規定時間通りにゆでてザルにあげ、水けをきる。
3. ボウルに1、2、のりの佃煮、すりごまを入れて和える。

🍴 料理 & 栄養メモ　あおさとのりの磯の風味を楽しめるスペシャルパスタ。どちらも保存が効く食材なので、ストックしておけばいつでも食べられます。ほんのりとごまの甘みも。

素材別
INDEX

肉類

▷ **牛肉（切り落とし）**
牛肉とポルチーニ茸のペッパーパスタ ············· 027
牛肉と焼きねぎのすき焼きパスタ ················· 090
牛肉と紫キャベツのレモングラスパスタ ········· 124
牛肉としいたけのチャプチェ風パスタ ············· 160

▷ **牛ひき肉**
牛肉とミニトマトのバルサミコパスタ ············· 028
牛そぼろとほうれん草のビビンバパスタ ········· 161

▷ **牛豚合挽き肉**
カルダモンミートボールときのこの
デミグラスパスタ ································· 022

▷ **砂肝**
砂肝とアスパラのわさび麹マヨパスタ ············· 089

▷ **鶏ささみ**
ささみとにんじんのピーナッツバターパスタ ····· 120

▷ **鶏むね肉**
蒸し鶏とパクチーのレモンジュレ冷製パスタ ····· 024
鶏むね肉とオクラのねぎ塩パスタ ················· 088

▷ **鶏もも肉**
さつまいもと鶏肉のラタトゥイユパスタ ··········· 016
鶏肉とグリーンピースの和風ペペロンチーノ ····· 084
照り焼きチキンとアボカドの七味マヨパスタ ····· 086
鶏肉とズッキーニのゆずココナッツパスタ ······· 118
鶏肉とにんにくの芽のカシューナッツパスタ ····· 156

▷ **鶏ももひき肉**
鶏そぼろと春菊の山椒パスタ ····················· 082
納豆つくねとまいたけの青のりパスタ ············· 083
鶏そぼろとしめじの塩こぶみかんの葉パスタ ····· 127

▷ **豚カルビ肉**
デジカルビとサンチュの焼肉パスタ ··············· 158

▷ **豚こま切れ肉**
豚肉としめじの柚子からしパスタ ················· 081
豚肉とキャベツの豆チパスタ ····················· 164

▷ **豚バラ肉（薄切り）**
豚肉としめじのゆずこしょうクリームパスタ ····· 015
豚肉と野沢菜の明太おろしパスタ ················· 078
豚肉といんげんの八角パスタ ····················· 159
サンラータン風スープパスタ ····················· 165

塩豚とレタスの花椒パスタ ······················· 166

▷ **豚ひき肉**
さんまの和風ミートパスタ ······················· 066
トマト麻婆パスタ ······························· 162

▷ **豚ロース肉（しゃぶしゃぶ用）**
豚しゃぶとみょうがの冷製ジェノバパスタ ······· 026
豚しゃぶと豆苗の黒酢もずく冷製パスタ ··········· 080

▷ **ラムもも肉**
ラムミートとひよこ豆のクミンパスタ ············· 136

加工品（肉類）

▷ **スパム缶**
スパムとゴーヤのチャンプルーパスタ ············· 092

▷ **スモークタン**
スモークタンとドライトマトのプッタネスカ ····· 031

▷ **ソーセージ**
ソーセージとなめこの昆布茶バターパスタ ······· 093
ソーセージとヤングコーンのチリトマトパスタ ·· 126

▷ **チョリソー**
チョリソーとなすのモッツァレラトマトパスタ ·· 030

▷ **生ハム**
生ハムとルッコラの粒マスタードパスタ ··········· 020
いちじくと生ハムのブルーチーズパスタ ··········· 021

▷ **パンチェッタ**
パンチェッタとスプラウトの柑橘パスタ ··········· 032

▷ **ベーコン（薄切り）**
赤パプリカとなすとベーコンの
目玉焼きナポリタン ····························· 012
ベーコンとアボカドの
グリーンカレーカルボナーラ ····················· 123

▷ **ベーコン（ブロック）**
マッシュルームとベーコンの
ゴルゴンゾーラパスタ ··························· 014
かにとカニカマのトマトクリームパスタ ··········· 040
かつおとクレソンのすだち冷製パスタ ············· 065
ほうれん草とベーコンのおかかパスタ ············· 097

▷ **ロースハム**
長ねぎとハムのザーサイパスタ ··················· 167

魚介類

▷ **あさり**
あさりと白いんげん豆のアンチョビパスタ ········· 046
あさりとミニトマトのボンゴレみそパスタ ········· 072

あさりと小松菜の五香粉バターパスタ ………… 155

▷ **いか**
いかと紫玉ねぎのヤムウンセン風冷製パスタ ‥‥ 132

▷ **いかそうめん**
いかそうめんのスイチリ明太パスタ ………… 175

▷ **えび（無頭、有頭、殻あり、殻なし、むきえびなど）**
ガーリックシュリンプのレモンパスタ ………… 036
有頭えびとかぶのブイヤベース煮パスタ ……… 037
小えび入りたらこクリームパスタ ………… 042
叩きえびと豆もやしの和風カレーパスタ ……… 074
えびとオクラのトムヤムみそパスタ ………… 133
パッタイ風具だくさんパスタ ………… 134

▷ **牡蠣（むき身）**
牡蠣と春菊の甘辛薬味パスタ ………………… 154

▷ **かつお（刺身用）**
かつおとクレソンのすだち冷製パスタ ………… 065

▷ **切りいか**
水菜のハリハリパスタ ………………………… 170

▷ **桜えび**
桜えびのビスクパスタ ………………………… 038
桜えびととろろ昆布の
カマンベールチーズパスタ ………………… 075
桜えびとクレソンのナンプラーパスタ ………… 130
パッタイ風具だくさんパスタ ………………… 134
台湾風豆乳スープパスタ ………………………… 151
桜えびの揚げ玉パスタ ………………………… 178

▷ **サーモン**
サーモンとカリフラワーの
ミントバターパスタ ………………………… 053

▷ **サーモン（刺身用）**
サーモンのなめろう冷製パスタ ………………… 171

▷ **さんま**
さんまとまいたけのアヒージョ風パスタ ……… 055

▷ **塩たら**
たらとみょうがのみそクリームパスタ ………… 062

▷ **しじみ**
しじみとちりめん山椒のシビレパスタ ………… 152

▷ **白子（今回はしゃけの白子を使用）**
白子と焼きごぼうのねりごまパスタ …………… 076

▷ **しらす干し**
しらすとパクチーのごま油パスタ ……………… 068
しらすのコールスローパスタ ………………… 176

▷ **たこ（ボイル）**
たことブロッコリーのオレガノバターパスタ ‥‥ 044

▷ **たらこ**
小えび入りたらこクリームパスタ ………… 042

なめたけとたらこのトマトパスタ ………………… 101

▷ **ベビーほたて（ボイル）**
ほたてとえのきの大葉ジェノバパスタ ………… 070

▷ **ほたて貝柱（刺身用）**
ほたてとトマトの冷製サルサパスタ …………… 050

▷ **ほっけの開き**
焼きほっけと高菜のピリ辛パスタ ……………… 069

▷ **まぐろ（刺身用・柵）**
まぐろとキムチの梅ごま冷やしパスタ ………… 150

▷ **ムール貝**
ムール貝とエリンギの
スパイシーペスカトーレ ………………… 049

加工品（魚介類）

▷ **あさり缶（水煮）**
ポテトクラムチャウダーパスタ ………………… 048

▷ **アンチョビ**
スモークタンとドライトマトのプッタネスカ ‥‥ 031
あさりと白いんげん豆のアンチョビパスタ ……… 046
牛肉と紫キャベツのレモングラスパスタ ……… 124
パセリのアンチョビパスタ ……………………… 182

▷ **いくら（しょうゆ漬け）**
いくらとスモークサーモンのペペロンチーノ ‥‥ 052

▷ **いわし缶（水煮）**
いわしとスモークチーズのパスタ ……………… 054

▷ **オイルサーディン**
オイルサーディンのレモン麹パスタ …………… 180

▷ **カニカマ**
かにとカニカマのトマトクリームパスタ ………… 040
カニカマとセロリのプーパッポンカレーパスタ ‥ 128

▷ **かに缶**
かにとカニカマのトマトクリームパスタ ………… 040

▷ **さけフレーク**
しゃけと里芋の白みそパスタ …………………… 064

▷ **さば缶（みそ煮）**
さばと納豆のコチュジャンパスタ ……………… 147
さばのかつお節パスタ …………………………… 184

▷ **さんま缶（水煮）**
さんまの和風ミートパスタ ……………………… 066

▷ **塩辛**
アスパラガスと塩辛のクリームチーズパスタ ‥‥ 045

▷ **塩昆布**
桜えびととろろ昆布の
カマンベールチーズパスタ ………………… 075

187

ツナと枝豆の塩昆布クリームパスタ ……………… 094
水菜のハリハリパスタ ……………………………… 170

▷ **シーフードミックス**
シーフードのパクチージェノバパスタ …………… 131

▷ **スモークサーモン**
いくらとスモークサーモンのペペロンチーノ …… 052
スモークサーモンとマンゴーの
冷製スイートチリパスタ ………………………… 122

▷ **チャンジャ**
チャンジャとアボカドの薬味パスタ ……………… 144

▷ **ちりめん山椒**
しじみとちりめん山椒のシビレパスタ ………… 152

▷ **ツナ缶（水煮）**
ツナとズッキーニのローズマリーパスタ ………… 041
ツナと枝豆の塩昆布クリームパスタ ……………… 094
ツナとエリンギのごま担々冷製パスタ ………… 148
ツナの和風マスカルポーネパスタ ……………… 173

▷ **とびこ**
とびこの柴漬けパスタ …………………………… 174

▷ **とろろ昆布**
桜えびととろろ昆布の
カマンベールチーズパスタ ……………………… 075

▷ **明太子**
レッドキドニーのキャロット明太パスタ ………… 018
豚肉と野沢菜の明太おろしパスタ ……………… 078
いかそうめんのスイチリ明太パスタ …………… 175

▷ **もずく酢（黒酢）**
豚しゃぶと豆苗の黒酢もずく冷製パスタ ………… 080

▷ **わかめ（塩蔵）**
しゃけと里芋の白みそパスタ …………………… 064
わかめと空心菜のオイスターパスタ …………… 146
桜えびの揚げ玉パスタ …………………………… 178

野菜類

▷ **アスパラガス（グリーン）**
アスパラガスと塩辛のクリームチーズパスタ …… 045
砂肝とアスパラのわさび麹マヨパスタ ………… 089

▷ **アルファルファ**
スモークタンとドライトマトのプッタネスカ …… 031

▷ **いんげん**
ソーセージとヤングコーンのチリトマトパスタ ‥ 126
豚肉といんげんの八角パスタ …………………… 159

▷ **枝豆（ゆで済み・むき身）**
牛肉とポルチーニ茸のペッパーパスタ ………… 027
かつおとクレソンのすだち冷製パスタ ………… 065

ツナと枝豆の塩昆布クリームパスタ ……………… 094

▷ **大葉**
あさりとミニトマトのボンゴレみそパスタ ……… 072
揚げなすと大葉の梅麹冷製パスタ ……………… 098
サーモンのなめろう冷製パスタ ………………… 171
ツナの和風マスカルポーネパスタ ……………… 173

▷ **オクラ**
桜えびのビスクパスタ …………………………… 038
豚しゃぶと豆苗の黒酢もずく冷製パスタ ………… 080
鶏むね肉とオクラのねぎ塩パスタ ……………… 088
鶏肉とズッキーニのゆずココナッツパスタ …… 118
えびとオクラのトムヤムみそパスタ …………… 133

▷ **かいわれ大根**
ツナと枝豆の塩昆布クリームパスタ ……………… 094
オイルサーディンのレモン麹パスタ …………… 180

▷ **かぶ**
有頭えびとかぶのブイヤベース煮パスタ ………… 037
ほうれん草とベーコンのおかかパスタ ………… 097

▷ **カリフラワー**
サーモンとカリフラワーの
ミントバターパスタ ……………………………… 053

▷ **キャベツ**
ツナとズッキーニのローズマリーパスタ ………… 041
たことブロッコリーのオレガノバターパスタ …… 044
さんまの和風ミートパスタ ……………………… 066
桜えびととろろ昆布の
カマンベールチーズパスタ ……………………… 075
焼きとうもろこしとキャベツの
しょうゆバターパスタ …………………………… 102
豚肉とキャベツの豆チパスタ …………………… 164
しらすのコールスローパスタ …………………… 176

▷ **きゅうり**
焼きちくわときゅうりの佃煮パスタ …………… 104
いかと紫玉ねぎのヤムウンセン風冷製パスタ …… 132

▷ **空心菜**
わかめと空心菜のオイスターパスタ …………… 146

▷ **グリーンピース（冷凍・むき身）**
鶏肉とグリーンピースの和風ペペロンチーノ …… 084
牛肉と紫キャベツのレモングラスパスタ ……… 124

▷ **クレソン**
かつおとクレソンのすだち冷製パスタ ………… 065
桜えびとクレソンのナンプラーパスタ ………… 130

▷ **小ねぎ**
豚しゃぶとみょうがの冷製ジェノバパスタ ……… 026
さんまの和風ミートパスタ ……………………… 066
3種きのこのとろろ豆乳カルボナーラ ………… 096
ささみとにんじんのピーナッツバターパスタ … 120
いかと紫玉ねぎのヤムウンセン風冷製パスタ …… 132

ツナとエリンギのごま担々冷製パスタ ………… 148
台湾風豆乳スープパスタ ……………………… 151
サーモンのなめろう冷製パスタ ………………… 171

▷ **小松菜**
納豆つくねとまいたけの青のりパスタ ………… 083
あさりと小松菜の五香粉バターパスタ ………… 155

▷ **ゴーヤ**
スパムとゴーヤのチャンプルーパスタ ………… 092

▷ **ごぼう**
白子と焼きごぼうのねりごまパスタ …………… 076

▷ **さつまいも**
さつまいもと鶏肉のラタトゥイユパスタ ……… 016

▷ **里芋**
しゃけと里芋の白みそパスタ …………………… 064

▷ **サニーレタス**
カリカリベーコンとトレビスのシーザーパスタ‥ 034
しらすとパクチーのごま油パスタ ……………… 068
照り焼きチキンとアボカドの七味マヨパスタ … 086
キムチのチョレギパスタ ………………………… 181

▷ **サンチュ**
デジカルビとサンチュの焼肉パスタ …………… 158

▷ **ししとう**
焼きちくわときゅうりの佃煮パスタ …………… 104

▷ **じゃがいも**
ポテトクラムチャウダーパスタ ………………… 048

▷ **春菊**
鶏そぼろと春菊の山椒パスタ …………………… 082
牡蠣と春菊の甘辛薬味パスタ …………………… 154

▷ **スーパーブロッコリースプラウト**
パンチェッタとスプラウトの柑橘パスタ ……… 032

▷ **スナップえんどう**
厚揚げ豆腐とたけのこの生姜みぞれパスタ …… 105

▷ **ズッキーニ**
さつまいもと鶏肉のラタトゥイユパスタ ……… 016
生ハムとルッコラの粒マスタードパスタ ……… 020
ツナとズッキーニのローズマリーパスタ ……… 041
鶏肉とズッキーニのゆずココナッツパスタ …… 118

▷ **セロリ**
有頭えびとかぶのブイヤベース煮パスタ ……… 037
かにとカニカマのトマトクリームパスタ ……… 040
ソーセージとなめこの昆布茶バターパスタ …… 093
カニカマとセロリのプーパッポンカレーパスタ‥ 128
塩豚とレタスの花椒パスタ ……………………… 166

▷ **たけのこ（水煮）**
厚揚げ豆腐とたけのこの生姜みぞれパスタ …… 105
ベーコンとアボカドの

グリーンカレーカルボナーラ …………………… 123

▷ **玉ねぎ**
マッシュルームとベーコンの
ゴルゴンゾーラパスタ …………………………… 014
豚肉としめじのゆずこしょうクリームパスタ … 015
カルダモンミートボールときのこの
デミグラスパスタ ………………………………… 022
有頭えびとかぶのブイヤベース煮パスタ ……… 037
桜えびのビスクパスタ …………………………… 038
かにとカニカマのトマトクリームパスタ ……… 040
ソーセージとヤングコーンのチリトマトパスタ‥ 126
カニカマとセロリのプーパッポンカレーパスタ‥ 128
ラムミートとひよこ豆のクミンパスタ ………… 136

▷ **大根**
豚肉と野沢菜の明太おろしパスタ ……………… 078
厚揚げ豆腐とたけのこの生姜みぞれパスタ …… 105

▷ **豆苗**
豚しゃぶと豆苗の黒酢もずく冷製パスタ ……… 080

▷ **とうもろこし**
焼きとうもろこしとキャベツの
しょうゆバターパスタ …………………………… 102

▷ **トマト**
ほたてとトマトの冷製サルサパスタ …………… 050
トマト麻婆パスタ ………………………………… 162

▷ **トレビス**
カリカリベーコンとトレビスのシーザーパスタ‥ 034

▷ **長芋**
3種きのこのとろろ豆乳カルボナーラ ………… 096
サンラータン風スープパスタ …………………… 165

▷ **長ねぎ**
焼きほっけと高菜のピリ辛パスタ ……………… 069
鶏むね肉とオクラのねぎ塩パスタ ……………… 088
牛肉と焼きねぎのすき焼きパスタ ……………… 090
デジカルビとサンチュの焼肉パスタ …………… 158
長ねぎとハムのザーサイパスタ ………………… 167

▷ **なす**
赤パプリカとなすとベーコンの
目玉焼きナポリタン ……………………………… 012
チョリソーとなすのモッツァレラトマトパスタ‥ 030
揚げなすと大葉の梅麹冷製パスタ ……………… 098
豚肉とキャベツの豆チパスタ …………………… 164

▷ **にら**
たらとみょうがのみそクリームパスタ ………… 062
パッタイ風具だくさんパスタ …………………… 134
トマト麻婆パスタ ………………………………… 162

▷ **にんじん**
レッドキドニーのキャロット明太パスタ ……… 018
ささみとにんじんのピーナッツバターパスタ … 120

189

ラムミートとひよこ豆のクミンパスタ ………… 136
デジカルビとサンチュの焼肉パスタ ………… 158
牛肉としいたけのチャプチェ風パスタ ………… 160

▷ にんにくの芽
鶏肉とにんにくの芽のカシューナッツパスタ ⋯ 156

▷ 白菜
さばと納豆のコチュジェダーパスタ ………… 147

▷ パクチー
蒸し鶏とパクチーのレモンジュレ冷製パスタ 024
しらすとパクチーのごま油パスタ ………… 068
えびとオクラのトムヤムみそパスタ ………… 133
しじみとちりめん山椒のシビレパスタ ………… 152

▷ パプリカ（赤・黄）
赤パプリカとなすとベーコンの
　目玉焼きナポリタン ……………………… 012
さつまいもと鶏肉のラタトゥイパスタ ………… 016
わかめと空心菜のオイスターパスタ ………… 146

▷ ピーマン
ベーコンとアボカドの
　グリーンカレーカルボナーラ ……………… 123
牛肉としいたけのチャプチェ風パスタ ………… 160

▷ フリルレタス
塩豚とレタスの花椒パスタ ………………… 166

▷ ブロッコリー
たことブロッコリーのオレガノバターパスタ ⋯ 044
あさりとミニトマトのボンゴレみそパスタ ……… 072

▷ ブロッコリースプラウト
パンチェッタとスプラウトの柑橘パスタ ……… 032
小えび入りたらこクリームパスタ ………… 042
鶏むね肉とオクラのねぎ塩パスタ ………… 088

▷ ベビーリーフ
いくらとスモークサーモンのペペロンチーノ … 052
シーフードのパクチージェノバパスタ ………… 131

▷ ほうれん草
マッシュルームとベーコンの
　ゴルゴンゾーラパスタ …………………… 014
ポテトクラムチャウダーパスタ ……………… 048
ほうれん草とベーコンのおかかパスタ ……… 097
牛そぼろとほうれん草のビビンパパスタ ……… 161

▷ 豆もやし
叩きえびと豆もやしの和風カレーパスタ ……… 074
牛そぼろとほうれん草のビビンパパスタ ……… 161

▷ 水菜
いわしとスモークチーズのパスタ ………… 054
納豆と水菜のしそパスタ …………………… 100
鶏そぼろとしめじの塩こぶみかんの葉パスタ … 127
水菜のハリハリパスタ ……………………… 170

▷ みつば
豚肉としめじの柚子からしパスタ ………… 081
チャンジャとアボカドの薬味パスタ ………… 144

▷ ミニトマト
牛肉とミニトマトのバルサミコパスタ ………… 028
あさりとミニトマトのボンゴレみそパスタ ……… 072
なめたけとたらこのトマトパスタ ………… 101
いかと紫玉ねぎのヤムウンセン風冷製パスタ ⋯ 132

▷ みょうが
豚しゃぶとみょうがの冷製ジェノバパスタ ⋯ 026
たらとみょうがのみそクリームパスタ ………… 062
チャンジャとアボカドの薬味パスタ ………… 144
サーモンのなめろう冷製パスタ ……………… 171

▷ 紫キャベツ
牛肉と紫キャベツのレモングラスパスタ ……… 124

▷ 紫玉ねぎ
蒸し鶏とパクチーのレモンジュレ冷製パスタ ⋯ 024
ほたてとトマトの冷製サルサパスタ ………… 050
いかと紫玉ねぎのヤムウンセン風冷製パスタ ⋯ 132

▷ もやし
ささみとにんじんのピーナッツバターパスタ ⋯ 120
パッタイ風具だくさんパスタ ………………… 134

▷ ヤングコーン
桜えびのビスクパスタ ……………………… 038
ソーセージとヤングコーンのチリトマトパスタ ⋯ 126

▷ ラディッシュ
いわしとスモークチーズのパスタ ………… 054

▷ ルッコラ
生ハムとルッコラの粒マスタードパスタ ……… 020

▷ レッドキャベツスプラウト
パンチェッタとスプラウトの柑橘パスタ ……… 032

▷ れんこん
鶏そぼろと春菊の山椒パスタ ……………… 082
鶏肉とにんにくの芽のカシューナッツパスタ ⋯ 156

▷ わさび菜
砂肝とアスパラのわさび麹マヨパスタ ………… 089

きのこ類

▷ えのきたけ
ほたてとえのきの大葉ジェノバパスタ ………… 070
サンラータン風スープパスタ ……………… 165

▷ エリンギ
ムール貝とエリンギの
　スパイシーペスカトーレ …………………… 049
ツナとエリンギのごま担々冷製パスタ ………… 148

しいたけ

牛肉とポルチーニ茸のペッパーパスタ ………… 027
白子と焼きごぼうのねりごまパスタ ………… 076
牛肉と焼きねぎのすき焼きパスタ ………… 090
3種のきのこのとろろ豆乳カルボナーラ ……… 096
牛肉としいたけのチャプチェ風パスタ ……… 160

しめじ

豚肉としめじのゆずこしょうクリームパスタ … 015
カルダモンミートボールときのこの
デミグラスパスタ ……………………………… 022
小えび入りたらこクリームパスタ ………… 042
焼きほっけと高菜のピリ辛パスタ ………… 069
豚肉としめじの柚子からしパスタ ………… 081
3種のきのこのとろろ豆乳カルボナーラ ……… 096
鶏そぼろとしめじの塩こぶみかんの葉パスタ … 127
サンラータン風スープパスタ ……………… 165

なめこ

ソーセージとなめこの昆布茶バターパスタ …… 093

なめたけ

なめたけとたらこのトマトパスタ ………… 101

まいたけ

さんまとまいたけのアヒージョ風パスタ …… 055
納豆つくねとまいたけの青のりパスタ ……… 083
3種のきのこのとろろ豆乳カルボナーラ ……… 096

マッシュルーム（ブラウン・ホワイト）

マッシュルームとベーコンの
ゴルゴンゾーラパスタ ……………………… 014
カルダモンミートボールときのこの
デミグラスパスタ ……………………………… 022
牛肉とミニトマトのバルサミコパスタ ……… 028
えびとオクラのトムヤムみそパスタ ……… 133

ポルチーニ茸（乾燥）

牛肉とポルチーニ茸のペッパーパスタ …… 027

くだもの

アボカド

照り焼きチキンとアボカドの七味マヨパスタ … 086
ベーコンとアボカドの
グリーンカレーカルボナーラ ……………… 123
チャンジャとアボカドの薬味パスタ ……… 144
納豆アボカドのわさびパスタ ……………… 172

いちじく

いちじくと生ハムのブルーチーズパスタ …… 021

オリーブ（黒・種なし）

スモークタンとドライトマトのプッタネスカ … 031

オリーブ（グリーン・種なし）

有頭えびとかぶのブイヤベース煮パスタ …… 037

すだち

かつおとクレソンのすだち冷製パスタ …… 065

マンゴー

スモークサーモンとマンゴーの
冷製スイートチリパスタ …………………… 122

ライム

鶏そぼろとしめじの塩こぶみかんの葉パスタ … 127

レモン

ガーリックシュリンプのレモンパスタ …… 036

チーズ類

カッテージチーズ

ラムミートとひよこ豆のクミンパスタ …… 136

カマンベールチーズ（カットタイプ）

桜えびととろろ昆布の
カマンベールチーズパスタ ………………… 075
さばのかつお節パスタ ……………………… 184

クリームチーズ

アスパラガスと塩辛のクリームチーズパスタ … 045
ツナと枝豆の塩昆布クリームパスタ ……… 094

ゴルゴンゾーラ

マッシュルームとベーコンの
ゴルゴンゾーラパスタ ……………………… 014

スモークチーズ

いわしとスモークチーズのパスタ ………… 054

チェダーチーズ（固形）

ツナとズッキーニのローズマリーパスタ …… 041
さばと納豆のコチュチェダーパスタ ……… 147

パルミジャーノ・レッジャーノ

カリカリベーコンとトレビスのシーザーパスタ ‥ 034
桜えびのビスクパスタ ……………………… 038

パルメザンチーズ（粉末・固形）

ほたてとえのきの大葉ジェノバパスタ …… 070
3種のきのこのとろろ豆乳カルボナーラ ……… 096
焼きとうもろこしとキャベツの
しょうゆバターパスタ ……………………… 102
ベーコンとアボカドの
グリーンカレーカルボナーラ ……………… 123

ブルーチーズ

いちじくと生ハムのブルーチーズパスタ …… 021

マスカルポーネ

ツナの和風マスカルポーネパスタ ………… 173

モッツァレラチーズ（キューブ型）

チョリソーとなすのモッツァレラトマトパスタ ‥ 030

191

エダジュン

パクチー料理研究家。管理栄養士。管理栄養士資格取得後、株式会社スマイルズ入社。Soup Stock Tokyoの本社業務に携わり、2013年に独立。固定概念にとらわれずに料理を楽しむことを大切にしている。著書に『クセになる！パクチーレシピブック』（PARCO出版）、『これ1品で献立いらず！ 野菜たっぷり具だくさんの主役スープ150』『これ1品で献立いらず！ 野菜と栄養たっぷりな具だくさんの主役サラダ200』（ともに誠文堂新光社）など。

撮影 — 福井裕子　　編集 — 太田菜津美（nikoworks）
デザイン — 八木孝枝　　料理アシスタント — 関沢愛美　藤崎千尋　あべえりこ
スタイリング — 木村遥　　制作協力 — UTUWA

これ1品で献立いらず！
野菜たっぷり具だくさんの主役パスタ150

2019年12月20日　発　行　　　　　　　　　　　　　　NDC596

著　者　エダジュン
発行者　小川雄一
発行所　株式会社 誠文堂新光社
　　　　〒113-0033 東京都文京区本郷 3-3-11
　　　　［編集］電話 03-5805-7285
　　　　［販売］電話 03-5800-5780
　　　　https://www.seibundo-shinkosha.net/
印刷所　株式会社 大熊整美堂
製本所　和光堂 株式会社

©2019, Edajun.　　Printed in Japan　　検印省略
本書記載の記事の無断転用を禁じます。
万一落丁・乱丁本の場合はお取り替えいたします。

本書のコピー、スキャン、デジタル化等の無断複製は、著作権法上での例外を除き、禁じられています。本書を代行業者等の第三者に依頼してスキャンやデジタル化することは、たとえ個人や家庭内での利用であっても著作権法上認められません。

|JCOPY| <（一社）出版者著作権管理機構　委託出版物>
本書を無断で複製複写（コピー）することは、著作権法上での例外を除き、禁じられています。本書をコピーされる場合は、そのつど事前に、（一社）出版者著作権管理機構（電話 03-5244-5088／FAX 03-5244-5089／e-mail：info@jcopy.or.jp）の許諾を得てください。

ISBN978-4-416-61983-4